东北全面振兴 辽宁三年行动研究丛书

建设区域科技创新中心

推进中国式现代化的辽宁实践

大连

REGIONAL CENTER OF SCIENCE AND TECHNOLOGY INNOVATION

李万军 张万强 著

东北财经大学出版社
Dongbei University of Finance & Economics Press
大连

图书在版编目（CIP）数据

建设区域科技创新中心：推进中国式现代化的辽宁实践 / 李万军，张万强著. —大连：东北财经大学出版社，2024.8
（东北全面振兴·辽宁三年行动研究丛书）
ISBN 978-7-5654-5191-1

Ⅰ.建… Ⅱ.①李… ②张… Ⅲ.区域经济-技术革新-研究-辽宁 Ⅳ.F127.31

中国国家版本馆CIP数据核字（2024）第060689号

东北财经大学出版社出版发行
大连市黑石礁尖山街217号 邮政编码 116025
网 址：http://www.dufep.cn
读者信箱：dufep@dufe.edu.cn
大连图腾彩色印刷有限公司印刷

幅面尺寸：170mm×240mm 字数：135千字 印张：10.75
2024年8月第1版 2024年8月第1次印刷
责任编辑：刘瑞东 李 季 责任校对：赵 楠
封面设计：张智波 版式设计：原 皓
定价：56.00元

教学支持 售后服务 联系电话：（0411）84710309

如有印装质量问题，请联系营销部：（0411）84710711

序　言

习近平总书记在2023年9月7日主持召开新时代推动东北全面振兴座谈会时强调："实现高水平科技自立自强，有利于东北把科教和产业优势转化为发展优势。""要以科技创新推动产业创新，加快构建具有东北特色优势的现代化产业体系。"总书记的讲话为辽宁深入实施创新驱动发展战略、推进中国式现代化的辽宁实践指明了方向、提振了信心。

党的十八大以来，辽宁振兴发展取得新进展新成效，维护国家"五大安全"能力进一步提升，改革开放呈现新气象，为实现全面振兴奠定了坚实基础。特别是实施全面振兴新突破三年行动以来，辽宁各项工作呈现多年少有的良好局面，2023年全省地区生产总值增长5.3%，十年来首次超过全国增速，总量突破3万亿元。辽宁经济运行低速徘徊的态势发生重大转变、干部干事创业的精神状态发生重大转变、辽宁营商环境发生重大转变、外界对辽宁的预期发生重大转变。辽宁全面振兴其时已至、其势已成、其兴可待。

当前，世界经济形势依然低迷，外部环境不稳定、不确定、难预料因素增多。国内也面临着有效需求不足、部分行业产能过剩、社会预期偏弱、风险隐患仍然较多等一些困难和挑战。但我国经济韧性强、潜力大、活力足，回升向好、长期向好的基本趋势没有改变。辽宁在推进科技自立自强方面面临着很多机遇。党中央、国务院出台了《关于进一步推动新时代东北全面振兴取得新突破若干政策措施的意见》等一系列振兴举措，东北振兴政策红利加快释放。辽宁是全国重要的冶金、石化产业供给保障基地，拥有众多装备制造领域的国之重器，具有维护“五大安全”的战略地位，也具备承担重点产业战略备份的基础条件；辽宁科教资源丰富，能够适配国家重大科技战略需求，围绕国家新发展格局和现代化建设场景需求，整合科技资源，主动谋划、主动对接、主动支撑国家重大科技需求；辽宁正处在十分宝贵的战略机遇期、政策叠加的红利释放期、发展动能的加快集聚期、产业升级的转型关键期、跨越赶超的发展窗口期。

当前和今后一个时期是以中国式现代化全面推进强国建设、民族复兴伟业的关键时期，辽宁应把建设具有全国影响力的区域科技创新中心摆在振兴发展大局的核心位置，借鉴国内外经验，注重系统谋划和整体推进，加快集聚科技创新资源，强化区域协同创新和辐射带动作用，加速布局国家战略科技力量，推动原创性引领性科技攻关，提升区域科创中心整体功能，奋力谱写中国式现代化辽宁新篇章。

李万军

2024年3月

目 录

第1章

科技创新引领区域产业发展的理论分析及文献综述

创新是一种事物和观念组成的创造性活动，这种事物和观念是人类经过复杂的思维过程创造出的世界上还不存在的事物和观念。总的来说，创新是一个有计划的、有目的的行为，是对旧有事物和观念的改变和改进，创新以直接或者间接的方式推动经济发展、社会进步。当今，随着经济的变化和社会的发展，创新的重要性显而易见。

1.1 经典理论分析

1.1.1 熊彼特创新理论

熊彼特（Joseph A.Schumpeter）在他所著的《经济发展理论》（*The Theory of Economic Development*）中首次提到了技术创新，在这本书中他对新的生产函数做了详细说明，将技术创新定义为“通过改变生产条件进行要素高效重组的过程”，在这个过程中，通过引入新产品、新工艺、新要素和新制度以打破传统生产要素组合。简单地说就是企业家利用新原料、新方法等要素来创造新的组织方式，通过新的生产函数促使资本主义经济不断发展。根据熊彼特的创新理论，创新类型可以分为五类，即新的产品、工艺、市场、供应与组织方法。他的创新理论强调把技术引入经济，要想充分发挥创新效应，必须将技术与经济相结合，尤其强调了技术只有应用于经济实践中，才被称为创新。

按照思想产生阶段划分，熊彼特创新理论可以分为创新理论和“创造性破坏”理论。“创造性破坏”理论是在前者的基础上进一步发展起来的。熊彼特创新理论包含了以下几个方面的内容：第一，经济发展的本质在于技术与生产组织的创新，创新是推动经济发展的根本动力。第二，创新是通过新技术取代旧技术、新行业取代旧行业而完成的，这也是创新的传导机制——创造性破坏的产生过程。第三，企业家是推动创新的重要组织者，通过企业家创造出的新技术与新方法，才可能为创新提供现实条件。第四，经济波动是经济发展的必然结果。熊彼特的“创造性破坏”是指在发展过程中形成淘汰—发展—更新的动态机制，创新资源的利用、配置效率不断提高。于熊彼特的创新理论而言，他的“创造性破坏”在强调创新的同时，将创新的破坏一面展现出来，更完整地呈现了新老更替的动态过程。在这个过程中，“创造性破坏”的基础是消费者追求种类更多、质量更高的产品；企业家为了获得垄断利润推动厂商创新。与之前的创新理论不同的是，“创造性破坏”更加强调厂商之间的相互作用，现有的垄断利润与创新会被新的创新所破坏。

针对产品，熊彼特将其分为中间产品与最终产品。中间产品的创新过程中，厂商必须考虑对手的策略，具有直接增长效应；而最终产品的“创造性破坏”是福利提高的过程，蕴含着边干边学的间接增长效应，产品价格不断降低，源源不断的创新产品被生产出来。熊彼特创新理论认为获取创新的动力首先源于企业家的创新精神，其次是利润的驱动。由此可知，利润是创新的产物，正因为存在利润，企业家才会花费成本去进行创新。他强调创新利润具有以下特征：第一，利润并不是持久的，如果在企业间产生了创新模仿，那么新产生的利润就会被无形地分割，甚至消失。第二，利润是企业家在创新过程中的价值表现，不具有剥削性，与工资一样属于企业家智慧所得。第三，利润特指垄断利润，这是因为企业的创新活动总是由个别企业开始，垄断性生产获得的利润也就是垄断利润。

1.1.2 熊彼特创新理论的发展

随着科学技术的发展，以微电子技术为主导的新技术革命爆发导致传统资本、劳动力要素难以对经济快速发展作出解释，技术变迁这个要素随之进入人们视野。学者们在熊彼特创新理论的基础上发展了西方经济学的另外两个分支，分别为技术创新经济学与制度创新经济学。前者主要以技术变革和技术推广为研究对象，后者主要以制度形成和制度变迁为研究对象。

（1）技术创新经济学

以熊彼特创新理论为基础的技术创新经济学并非简单套用熊彼特创新理

论框架，而是将新古典经济理论与熊彼特创新理论相结合分析资本主义经济发展情况。20世纪70年代后，技术创新与技术进步理论是经济学界研究的热点问题之一，当时很多西方工业化国家经济开始走下坡路，而少数新兴工业化国家的经济却在不断增长，这种现象使经济学家们意识到技术在经济发展中所扮演的重要角色，代表性观点主要有弗里曼的技术创新政策体系、门施等人的周期理论与卡曼等人的市场理论等。

（2）制度创新经济学

虽然熊彼特创新理论中也曾关注过制度对经济发展的重要影响，但受其学派的约束，并没有形成完整系统的制度创新理论。制度创新经济学家们将制度创新解释为不断更新的组织管理方式，如公司制度、社会制度等。制度创新带来的制度变革为国家创新体系的提出奠定了理论基础。美国经济学家兰斯·戴维斯在熊彼特经济理论中关于制度创新的基础上，利用制度创新解释了美国的经济波动原因。英国经济学家弗里曼（1987）通过研究日本经济飞速发展背后的原因得出，一个国家要想发展，建立国家创新体系必不可少，这也是国家创新体系第一次被明确提出，他将激励创新的制度机制与外部环境有机结合，形成了国家创新体系理论。

所谓国家创新体系就是一个国家中的公有部门和私有部门要形成统一管理的有机体，如政府、企业、大学等作为国家发展的关键动力系统，相互作用、相互配合共同促进技术创新活动的开展，为国家整体创新能力提升作出努力。国家创新体系的研究重点在于技术创新与经济发展的绩效关系。美国经济学家纳尔逊（1993）进一步丰富了国家创新体系的内容。他认为，现代国家中制度因素与技术因素错综复杂，再加上政府“看得见的手”发挥作用，使得各国创新体系的形态深受各国自身产业组织的影响，但无论表现形式为哪种，国家创新体系的主要职能就是优化创新资源配置、协调创新活动。

1.1.3 内生经济增长理论

内生经济增长理论又被称为新经济增长理论，产生于20世纪80年代，最早由罗默在其《经济发展理论》一书中被提出，书中首次提到的“干中学”理论就是内生经济增长理论的雏形，即运用内生技术进步而非外生变量来解释经济增长。随后，卢卡斯提出人力资本溢出模型，指出“干中学”有利于形成人力资本，且全球经济外部性的原因就是人力资本溢价。20世纪80年代末，卢卡斯又试图开始解释新古典经济增长理论中有关预期与现实的矛盾，探究经济长期增长的真正原因，他在借鉴罗默研究的基础上，结合人力资本理论，构建了一个将经济增长解释为专业化人力资本积累的研究框架，着重强调了专业化人力资本的重要性。罗默又进一步拓展了知识溢价模型，丰富了内生经济增长理论的研究内容，他将生产要素划分为资本、非技术劳动、人力资本、新知识四种，强调技术进步是推动经济发展的最关键因素。罗默（1990）的研究进一步发现，知识或者技术的获取不是只有在“干中学”的过程中才能获取，在利润最大化的原则下，厂商还会通过主动开展研发（R&D）活动以增加新产品种类，形成技术创新，进而提高生产效率。在此基础上，他构建了基于R&D活动的经济增长模型。

以内生经济增长理论为代表的学者们还认为劳动力投入不仅仅指投入数量，更为重要的是劳动力投入质量，包括教育水平与素质，且他们都承认由于外部性，完全靠市场机制调节难以实现帕累托最优，纷纷肯定政府在资源配置中的重要作用，主张政府应致力于新技术的开发与实践，鼓励创新体制机制形成。阿歇姆（1988、1992）强调了创新的主体应该属于企业家与企业家精神，经济增长的源头是技术创新与垄断效应，本质上看仍属于“创造性毁灭”理论的延伸。在其模型中，储蓄率、技术生产力、市场竞争力三个要素是保持经济稳态的关键。所以，内生经济增长理论的核心在于“内生技术变化”，前者将外生的技术进步做了内生化处理，这点与新古典经济理论有着本质的区别，是对新古典增长理论的拓展。可以说，内生经济增长理论将经济学引入了新时代。

在之后的研究中，内生经济增长理论向两个主流发展：一种将资本要素作为推动经济发展的关键，另一种将知识积累作为推动经济增长的动力。熊彼特主义的内生增长理论也逐渐演变为新增长理论的重要理论分支，新的技术与产业革命被称为通过“创造性毁灭”的方式影响经济增长。熊彼特主义的内生增长理论特点是将技术创新解释为有目的的R&D活动的结果，根据熊彼特创新与经济周期理论，他认为即使不考虑外在因素，经济也会出现繁荣与衰退的两阶段周期模式，即创新是经济周期的内在因素。在此基础上，熊彼特又指出资本主义的发展同时存在短周期、中周期与长周期，其中短周期平均40月、中周期平均9~10年、长周期平均50~60年。自熊彼特开创技术创新理论以来，各经济理论流派对技术创新都有着不同侧面的理解和诠释，大体上可以归结如表1-1所示：

表1-1　　主要经济理论流派的代表人物和对技术创新的观点

流派	代表人物	主要观点
技术创新理论	熊彼特	实现生产要素和生产条件的一种新的生产函数
新古典学派	索洛	索洛残差是技术进步的结果
内生经济增长理论	罗默	技术作为内生变量，认为知识积累是经济增长的原动力
新熊彼特学派	曼斯菲尔德、卡曼、施瓦茨	从新技术扩散、技术创新和产业结构的相关性、技术创新和产业规模的相关性等方面揭示技术创新影响机制

续表

流派	代表人物	主要观点
制度创新学派	戴维斯、诺斯	制度创新是指经济的组织形式或经营管理方式的革新
国家创新系统学派	弗里曼、纳尔逊	创新系统是一系列创新资源相互作用、互相影响的作用效果、联系机制和运作机理的有机整体
技术创新线性范式说	阿歇姆	技术创新一般经历"发明—开发—设计—中试—生产—销售"的过程
技术创新网络范式说	巴普蒂斯塔、斯旺	地理邻近可以维持并强化创新网络
区域创新系统	罗斯菲尔德	提出区域创新产业集群概念

1.1.4 产业链与产业升级理论

（1）产业链理论

从概念上说，产业链是指各个产业部门之间基于技术经济而形成的联系，具体可以分为企业链、价值链、空间链、供需链。随着社会生产规模的不断扩大，生产环节要求专业化分工，将复杂的生产过程分割为既独立又相互联系的紧密环节，产业链随之产生。为了使产业链的主体之间有效衔接，就需要在企业链、价值链、空间链、供需链四个环节中寻找到动态均衡点，四个要素共同的目标就是形成价值共享。但产业链中的价值链并非简单的价值叠加，而是将企业链与供需链的空间节点有效连接，达到产业价值最大化的目的。技术与价值构成了产业链的基础，产业层次由技术应用来决定，而产业关联程度由技术溢出决定。

产业价值链并不是价值重新分配，而是现有价值资源的增值。之所以会产生价值增值，是因为产业链生产效率大于内部企业生产效率，加之产业链交易成本小于内部企业交易成本，因此从整个产业链运行过程来看，信息被共享、交换，运营成本大大降低，促进了技术创新。

（2）产业升级理论

随着劳动分工的不断细化，产业出现了，即产业是社会分工的产物。由于经济体中的产业存在千丝万缕的供求关系，因而形成了一个有机系统。产业结构是指某个地区的产业间配置结构，随着生产力不断提升，产业结构会不断优化，这个过程也叫作产业升级。产业升级不仅是从粗放型向集约型的转变、低附加值向高附加值的转变、高能耗高污染向低能耗低污染的转变，也是经济增长方式的转变。如果将产业升级的内涵不断拓展，可以将产业升级看作受技术进步推动和要素结构优化而产生的生产效率不断提高、生产方式逐步改进、产品供给愈加丰富的一系列过程。理论界对产业升级的理解各不相同，代表性观点如表1–2所示：

表1–2　理论界对产业升级的不同理解

流派	代表人物	主要观点
配第定理	配第	商业收入大于工业收入、工业收入大于农业收入
重农学派	魁奈	农业是一切收入的基础，以社会阶级结构为基础来划分产业结构
生产资料生产优先增长理论	马克思	在技术进步条件下，生产资料生产快于消费资料生产的规律
产业结构升级理念	亚当・斯密	各国分工使各国的生产要素从低效率产业流入高效率产业，从而使资源合理配置和产业结构优化
比较优势理论	大卫・李嘉图	国际分工以获得比较优势和资源的优化配置

续表

流派	代表人物	主要观点
要素禀赋论	俄林	比较成本差异产生的原因在于生产要素禀赋差异
三次产业理论	费歇尔	根据劳动对象进行加工的顺序划分第一产业、第二产业和第三产业
配第-克拉克定律	克拉克	随着平均收入水平提高，劳动力由第一产业转移到第二产业，进而转移到第三产业
库兹涅茨产业结构论	库兹涅茨	产业结构的变动受人均国民收入变动的影响
经济增长理论	丁伯根	经济结构可以通过有意识地运用产业结构调整手段以达到经济增长目的
工业化经验法则	霍夫曼	在工业化进程中，消费品部门与资本品部门净产值之比不断下降
投入产出分析法	里昂惕夫	把封闭型产业结构理论定量化，用以研究国民经济的投入产出关系
二元经济结构模型	刘易斯	工业经济从农业经济中获得廉价原材料和劳动力，从剪刀差经济中谋取大量利润
不平衡增长模型	赫希曼	在资源约束背景下，将特定资源指向性投入到专门领域，以实现最佳投入产出效果
主导部门理论	罗斯托	经济成长各阶段都存在相应主导产业部门，通过回顾、前瞻、旁侧三重影响带动其他部门技术创新
工业化阶段理论	钱纳里	制造业内部结构转换的原因是产业间存在关联效应

续表

流派	代表人物	主要观点
两基准理论	筱原三代平	生产率基准与收入弹性基准是划分产业结构的两个基本准则
雁形形态论	赤松要	后起国家通过“进口→当地生产→开拓出口→出口增长”四个阶段加快本国工业化进程
技术群体结构	关满博	促使东亚形成网络型国际分工，日本参与东亚国际分工并在国际合作中对日本产业进行调整才能保持领先地位

综合各流派学者对产业升级的理解，结合我国具体实际，可以将产业升级划分为两个部分，分别为供给侧产业升级与需求侧产业升级。供给侧产业升级包含企业的技术含量升级、企业生产效率提高与生产要素结构优化三个层面，而需求侧产业升级包含产品结构升级、产业链条升级和国际竞争力升级等。

1.2 文献综述

1.2.1 技术创新

（1）国外理论界关于技术创新的研究进展

①技术创新效率

克莱顿・克里斯坦森（Clayton Christensen，1997）提出只有颠覆式创新才是产品性能的技术创新，构建了颠覆式创新的理论框架。雅各布・戈登堡

(Jacob Goldenberg)、大卫·马祖尔斯基（David Mazursky）等（1999）认为技术创新具有一定的风险性和不确定性，只有降低创新系统的复杂度，才可以有效解决这个问题。克斯塔·马凯德蒂（Costas Markides，2005）提出技术创新可以改变消费者习惯，对现有市场造成一定程度的冲击，并将创新分为产品创新、技术破坏创新、模式创新。Kostof（2004）构建了颠覆式技术创新路线图，提出多种技术组合也可以创建颠覆性技术，还认为流程与操作的不同可以导致技术创新实施效果完全不同。

克里斯坦森、雷纳（Raynor）（2010）从企业内部角度出发，认为小企业的颠覆式创新效率要高于大企业，这是因为大企业更加倾向于利用资源优势维持既得利益，并提出技术创新的关键在于选对方向，只有选对方向才可以预测结果。

②技术创新的集聚效应

自波特（Porter，1990）首次提出创新的集聚效应后，学者们开始逐渐关注创新要素集聚的相关研究。波特（2004）指出，影响创新要素集聚的原因是空间，根据地理方面的集中度，形成要素间的整合。与此持相同观点的还有Freel（2003），他认为地理邻近性对于企业的创新能力具有重要影响，所以创新产业集群对于企业有很多好处。Hagegoorn等（2003）认为创新要素的集聚可以提高企业创新绩效。Herlina（2005）等学者发现中小企业的空间的毗邻与集聚更能产生创新效应。Tappeiner（2008）则分析了技术创新存在的空间效应。

（2）国内理论界关于技术创新的研究进展

①技术创新政策研究

国家发布的很多创新政策为学者的研究提供了理论基础，如1986年国家科委（现科技部）发布的《中国科学技术政策指南》，内容主要覆盖我国党、政府公布的科技政策方针；2000年科技部编辑的《中国技术创新政策》，详细介绍了相关部门对技术创新的配套及实施办法等；2018年的《中国科技创新政策体系报告》系统总结了国家创新体系的相关内容，并提出了具体创新方案。很多学者对创新政策进行了研究，如关勇军（2012）系统研究了我国中小板上市公司的创新政策及对其研发投入与绩效的调节影响。王霞（2012）分析了上海市科技创新政策的特点与演化趋势。魏世杰（2017）通过对技术创新政策进行梳理，提出我国的创新环境存在的问题主要来自需求侧，仍存在政策盲点。梁正（2017）提出，我国的技术创新范式不断多样化，政策手段也逐渐趋于平衡，新时期创新体系的构建应更加注重营造环境，对于与创新驱动发展要求不相适应的一面，应将创新政策嵌入到所有公共政策的实施中。董洁、李群（2019）通过研究美国的创新实践，得出高等教育与政府采购均可以为技术创新提供新动能的结论。

②技术创新绩效评价与演化路径

池仁勇（2003）通过比较不同规模企业的技术创新效率，认为外资企业技术创新效率显著高于国营企业，小规模企业的技术创新效率高于大规模企业。吴玉鸣（2006）通过测度我国省域技术创新强度，指出人力资本增量对技术创新有正向促进作用。白俊红等（2009）考察了地方政府、企业、高校、金融机构等主体的技术创新效率，并测算了影响技术创新效率的几个关键因素。傅晓霞、吴利学（2013）通过构建内生技术进步增长模型，指出经济差距的决定因素在于技术差距。苏治、徐淑丹（2015）提出我国经济正在技术要素的推动下实现有效收敛，只有技术效率提升，才能促进经济持续增长。徐银良、王慧艳（2018）对技术创新的绩效进行评估，并将技术创新驱动作用分为三个阶段，分别为科技研发、技术转化与产业发展。

③技术创新与经济高质量发展

在技术创新促进经济高质量发展的关系方面，大部分学者以实证研究为主。

华坚、胡金昕（2019）通过构建系统耦合协调度评价模型，研究了我国技术创新系统与经济高质量发展的协调关系，结果表明，我国地区间的技术创新与经济发展初步形成了循环发展，但距离优质协调仍有差距，且中部与西部之间差距进一步拉大。孙祁祥、周新发（2020）围绕技术创新与经济高质量发展的内在规律进行阐述，从微观、中观和宏观三个层面揭示了技术创新推动经济高质量发展的路径，分别为：微观层面提高高校创新能力、中观层面提升产业链水平、宏观层面提升国家整体竞争力水平。魏巍（2020）则认为技术创新存在溢出效应与辐射效应，是摆脱高投入发展的关键。

1.2.2 产业升级

（1）影响产业升级的因素

Humphrey（2002）诠释了影响产业升级的最主要四个因素，分别为流程、产品、功能和链升级。黄茂兴、李军军（2009）通过分析技术创新与产业升级之间的关系，建立数量经济模型，指出选择性技术创新是促进产业升级的重要因素。杨亚平、周泳宏（2013）认为我国地区间产业成本的不断加大是促进资本在区域间流动、升级的主要因素。张权（2018）认为公共支出效率的提升将对产业升级产生直接效应。

（2）产业升级的作用机制

吕铁、周叔莲（1999）通过实证模型证明了产业升级的确可以拉动经济增长，产业结构的不断调整可以给社会发展带来不竭动力。Humphrey、Schmitz（2002）提出，为了提高全球分布式生产网络的竞争力，要强调两条工作线，一条是强调地方一级合作的优势，另一条是要注重发达国家与发展中国家间的合作。刘小玄（2003）研究了我国转轨经济中的产权结构与市场结构对产业转型升级的作用效果，根据全国工业企业普查数据，实证得出，产业集中率和规模对产业转型升级具有明显的正向效应，而国有产权占比对产业转型升级具有负向效应。蔡昉等（2009）通过雁阵模型模拟了我国区域间制造业增长和生产率提高的格局变化，得出西部地区的丰富劳动力资源可以确保西部地区承接劳动密集型产业的结论。杨高举、黄先海（2013）认为我国产业升级的关键并非依赖FDI的溢出效应，而关键在于内部动力的挖掘培养。吕一清、邓翔（2018）通过构建DSGE模型，利用投入产出表数据，证明了产业升级的关联效应、优化效应和组合效应可以在一定程度上抚平经济波动。

1.2.3 技术创新与产业升级

（1）技术创新驱动产业升级发展模式

在延续了熊彼特创新理论的基础上，国外理论界将技术创新驱动产业升级发展模式归类为创造性破坏与创造性积累两种方式，并对技术创新驱动产业升级的动力、影响因素、效应等方面做了理论及实证研究。熊彼特（1934，1942）将Mark I定义为创造性破坏，而Mark II的主要特征为创造性积累，并认为新公司在技术创新活动中发挥了更重要的作用。而Malerba、Orsenigo（1995，1997）则认为在技术创新活动中发挥重要作用的是成熟公司，小型创新企业很难迈入门槛。Malerba等（2000）提出，要想深入了解各部门技术创新实时动态，对知识库的分析是必要的，知识的变化是影响产业结构变化与产业升级的关键。Breschi等（2000）、Malerba（2007）提供了对技术创新驱动产业升级模式的实证支持。Corrocher等（2007）提出了信息通信技术行业中、生物技术、电信等知识密集型行业中的熊彼特式技术创新与产业升级的共存模式。Krafft等（2014）认为技术创新在解释产业升级模式的跨部门差异时是明显的因素。虽然人们普遍认为随着时间的推移，技术创新模式一定会影响产业升级的方式，但Malerba、Orsenigo（1996）却将这个方式解释为基于特定技术创新领域的平均行为。Maleki等（2016）利用动力学解释了20世纪70年代至2005年期间影响产业升级的技术创新模式。

（2）技术创新驱动产业升级动力机制

国际上通常将技术创新驱动产业升级的动力机制归纳为劳动力提升、国际竞争加剧、资本逐利趋向、工资水平提高、正外部性和消费升级等因素。Lee等（2009）认为当出口商的技术创新水平或者工资太低，就会无法与发达国家竞争。Spence（2011）提出，发展中国家往往以更低的价格参与竞争，挤压国际市场。Lee等（2011）发现中国也出现了技术创新驱动产业升级的迹象，并提出中国的产业升级可以被认为是部门间与部门内的多样化升级，实现了从低端劳动密集型产业向高端知识密集型产业的艰难跨越。这与“熊彼特创新系统失败”“新古典市场失灵”均不同。

国内学者关于技术创新驱动产业升级动力机制研究可以归为以下几类，分别为政府引导、环境规制、金融发展、出口升级、溢出效应和企业竞争等方面。巫强、刘志彪（2007）提出政府将在被动性产业升级过程中发挥积极的作用，受进口国质量管制的影响，出口国企业技术创新可以实现被动产业升级。聂献忠（2015）认为产业升级的创新溢出效应越明显，技术创新能力就会越强。易信、刘凤良（2015）通过建立包含金融中介部门的熊彼特内生增长模型得出，金融发展可以通过技术创新的水平效应与结构效应实现产业加速升级，并实现经济的持续稳定增长。

第2章

辽宁建设区域科技创新中心的背景分析

辽宁建设区域科技创新中心具有地理位置优越、产业基础雄厚、政策支持力度大、人才资源丰富和产学研深度结合等特点，有望成为东北地区乃至全国的重要科技创新高地。

2.1 区域科技创新中心的内在要求和主要特征

2.1.1 科技创新中心的内涵

“科技创新”分为科学、技术和创新三个方面内容。科学是完整的知识体系，是人类在生产、生活实践中丰富的经验和智慧结晶，也是人类对事物的原理及规律有计划的发展及研究。科学着重于理论，是指在生产生活实践中发现知识。技术强调人类为了自身生存和社会发展，根据客观规律利用科学原理开发新产品、新材料和新工艺。技术更强调应用，是指充分利用新知识，并将新知识转化为生产技能。创新基于科学和技术之上，是两者的统一与有机结合。熊彼特指出创新不仅是新知识、新技术，还包括将这些知识技术引入和应用在实际生产中。

“科技创新”涵盖了科学研究、技术创新以及创新成果产业化这三个环节。“科技创新中心”按照辐射区域的不同层次，可以分为区域、全国乃至全球科技创新中心。“区域科技创新中心”是在一定区域范围内，科技创新资源和创新活动相对集中，科技创新实力较强，拥有浓郁的创新氛围和先进制度，在产业、人才、资金、技术和信息等方面对区域创新发展具有引领与辐射带动作用，以科技创新作为主要发展动力的地区。“有全国影响力的区域创新中心”是指成为国家创新网络中的重要节点和国家战略科技力量的重要支撑，在全国具有较强集聚创新资源能力和科技创新辐射带动作用的区域科技创新中心。

2.1.2 区域科技创新中心的特征

一是区域科技创新的策源地。区域科技创新中心是区域内的创新中枢和引擎，拥有区域内强劲的科学研究和技术创新能力，具有与高水平的创新投入相匹配的产出能力，始终在重大知识发现、关键共性技术研究等领域占据领先地位，能够实现高水平的自主创新成果源头供给，并将科研成果转化为现实生产力。区域科技创新中心是新知识、新技术、新产品、新产业的策源地。

二是拥有丰富的创新资源和完善的创新平台。区域内大学、科研院所等创新资源众多，大科学装置、国家级实验室、省级实验室、各种创新公共平台、企业专业创新平台众多，拥有国家级自主创新示范区、国家级创新城市、国家级高新区、国家自贸区等多种创新功能区，这些都是区域创新中心建设的重要支撑。

三是在区域范围内具有高水平的创新资源集聚能力。区域科技创新中心是区域内集聚人才、资金等创新要素的核心区域，是创新网络中创新要素统筹协调的重要枢纽，对创新要素的流动具有较强的引导和控制能力，并进行有效整合和再创新，实现科技创新要素高效配置和自主创新。

四是能够实现区域创新链与产业链的有效对接和融合。区域科技创新中心通过区域内高校、科研院所等培养许多创新人才、产出一流的科研成果，引导前沿性、高水平、可持续的科技创新活动，并通过发达的中介服务将科研成果转化，催生出许多创新型企业，为高新技术产业发展持久赋能。

五是对区域科技活动及产业发展具有很强的辐射带动作用。区域科技创新中心是区域科技合作的主导者，在科技创新活动中发挥着主导和引擎功能，能够引领未来科技创新发展的方向，产生较强的创新辐射效应。能够向周边区域提供科技研发、高新技术和产品输出服务，辐射带动周边城市的高新技术产业发展，并形成围绕产业链和创新链的高度协同分工。能够有力地带动区域内的产业向高端化发展，并与区域其他地区共享共建创新平台，推动跨区域协作，开展科技联合攻关。

六是具备优质的创新文化和完善的创新生态。区域科技创新中心是先进文化和先进制度的先行者，能够营造良好的创新创业环境，建立公平竞争、保护产权的市场体系，培育开放合作、多元融合、宽容失败的文化氛围，降低企业制度性交易成本，以此吸引创新要素集聚，推动构建产学研深度融合的区域创新生态，激发创新主体活力。

七是为国家建设科技强国提供重要支撑。区域科技创新中心能够在某些重点科学技术领域研究中引领突破，在某些优势产业领域攻克“卡脖子”技术，抢占经济发展先机和竞争主导权，能够为培育国家战略科技力量、实现科技自立自强、建设科技强国提供重要战略支撑。

2.2 辽宁建设具有全国影响力区域科技创新中心的重大意义

2.2.1 深入贯彻党中央、国务院关于东北振兴的总体要求，支撑经济社会持续健康发展的需要

党中央、国务院对东北暨辽宁的振兴发展高度重视，2003年作出实施东北地区等老工业基地振兴的重大战略决策，出台了一系列支持、帮助、推动东北地区振兴发展的政策措施，多次强调辽宁的比较优势和战略地位。党的十八大以来，习近平总书记对辽宁高度重视、深情牵挂、亲切关怀，多次就东北暨辽宁振兴工作召开专题座谈会、作出重要指示批示，为新时代推进辽宁全面振兴指明了方向、明确了路径、提供了根本遵循。辽宁建设具有全国影响力的区域科技创新中心，有利于进一步增强发展新动能，支撑经济社会持续健康发展，实现党中央、国务院赋予辽宁振兴发展的重大任务。

2.2.2 完整准确全面贯彻新发展理念，加快融入和服务新发展格局的需要

当前辽宁仍处于滚石上山、爬坡过坎、攻坚克难的关键阶段，经济社会发展由传统模式加速向新科技革命驱动模式转型，面临更为激烈的全球产业竞争和日渐复杂的智能治理趋势，需要破解更多深层次问题。贯彻新发展理念是解决深层次矛盾，实现高质量发展的必由之路。辽宁建设具有全国影响力的区域科技创新中心，有利于辽宁增强机遇意识和风险意识，准确识变、科学应变、主动求变，立足新发展阶段、贯彻新发展理念、构建新发展格局，在国内国际双循环中发挥重要战略枢纽作用，在构建新发展格局中实现辽宁振兴，使辽宁振兴更好服务和融入新发展格局。

2.2.3 国内区域创新板块联动发展，支撑科技强国战略的需要

目前，国家已经部署了京津冀、长三角、粤港澳大湾区等3个综合类国家技术创新中心，2021年底，成渝地区获批成为具有全国影响力的科技创新中心，2022年6月，武汉获批成为全国布局建设的第五个科技创新中心。此外，山东、安徽、河南、江西等地区都提出争创具有全国影响力的区域科技创新中心。东北地区作为全国重要区域板块，也应建设一个具有全国影响力的区域科技创新中心，立足东北，集聚区域创新力量，吸引国内外人才，支撑东北高质量发展，为建设科技强国作出贡献。

2.2.4 迈入现代化发展阶段，推进高质量发展的需要

党的二十大标志着我国迈上了全面建设社会主义现代化国家新征程，开启了第二个百年奋斗目标。高质量发展是现代化建设的首要任务，必须加快推动重大结构优化与调整、转型和升级，迫切需要科技创新的支撑。长期以来，东北地区传统产业转型升级滞后，新兴产业没有发展起来，区域增长动

力处于青黄不接的状态。辽宁建设具有全国影响力的区域科技创新中心，有利于深入实施创新驱动发展战略，以科技赋能高质量发展为主题，培育国家战略科技力量，打好关键核心技术攻坚战，使科技创新成为东北全面振兴、全方位振兴的战略支撑，推动东北在全国现代化建设中走在前列。

2.2.5 落实维护国家“五大安全”政治责任，着力支撑国家重大战略的需要

习近平总书记指出，“东北地区是我国重要的工业和农业基地，维护国家国防安全、粮食安全、生态安全、能源安全、产业安全的战略地位十分重要，关乎国家发展大局”。这是习近平总书记从国家发展大局出发对东北地区作出的战略定位。辽宁建设具有全国影响力的区域科技创新中心，有利于深入贯彻落实习近平总书记重要指示精神，把维护国家“五大安全”作为重要政治任务，作为推动辽宁全面振兴、全方位振兴的重大机遇，增强忧患意识、坚持底线思维、强化斗争精神，下好先手棋、打好主动仗，统筹发展和安全，不断提升维护国家“五大安全”的能力。

第3章

辽宁打造具有全国影响力区域创新中心的有利条件

近年来，国际形势发生深刻演变，大国争端与摩擦不断，逆全球化趋势加剧，全球经济循环格局深刻调整，产业安全成为国家在统筹经济发展中需考虑的至关重要的问题。创新是提升产业安全的重要力量，创新驱动成为许多国家谋求竞争优势的核心战略。自党的十八大以来，我国深入实施创新驱动发展战略，这是我国在新的发展阶段确立的立足全局、面向全球、聚焦关键、带动整体的国家重大发展战略，是引领发展的第一动力。区域创新布局是国家创新驱动发展战略的重要支撑，“十四五”以来，各地开始紧锣密鼓地谋划建设区域科技创新中心。立足国内外创新趋势，结合辽宁科技基础和优势，我们认为辽宁具有打造全国有影响力的区域创新中心的有利条件。

3.1 国内外科技创新形势的变化态势

3.1.1 全球创新形势演变

当前，世界百年变局加速演进，新一轮科技革命和产业变革催生新技术、新产业、新业态、新模式，数字经济浪潮席卷全球，在此推动下，创新成为经济社会发展的主线，全球创新形势正在发生深刻演变，主要表现在以下趋势和特征：

一是新一轮科技革命和产业变革的加速发展，促使创新对人类生产和生活方式产生巨大影响。当前，新一轮科技革命和产业变革加速推进，科学研究酝酿重大突破，经济社会发展的技术基础正在发生历史性替代，新商业模式、新业态不断涌现，科技创新正在从根本上改变人类生产、生活和社会组织方式。以信息技术革命为核心，生物技术、新能源、新材料等领域群体性突破加速推动新产业、新业态、新模式兴起。基础研究、应用研究、技术开发和产业化的边界日趋模糊。金融资本与技术创新深度融合，加速知识资本化和技术商业化，从而推动新兴产业快速成长。个性化、多样化、定制化等新兴消费需求成为主流，智能化、小型化、专业化的产业组织新特征日益明显。大众创新、微创新推动全民创新创业日趋活跃。新兴技术公司不断催生，企业依靠新技术成长的空间更加广阔。

二是创新呈现多极化趋势，全球创新网络格局新版图加速形成。21世纪以来，全球创新呈现出研发投入和技术产出等多极化趋势，以智能、绿色、泛在为特征的群体性技术革命将引发国际产业分工重大调整，颠覆性技术不断涌现，正在重塑世界竞争格局、改变国家力量对比，部分研发和创新活动逐渐向新兴经济体转移，中国、巴西、印度、土耳其等新兴经济体研发支出快速增长，在全球的研发份额逐年上升。近年来，全球创新重心东移，亚洲成为世界创新版图中重要一极，以欧美等发达国家为主的全球创新版图发生了重大变化。新冠疫情暴发后，世界供应链被打乱，世界主要国家经济增长陷入停滞，全球步入“存量博弈”，大国竞争更加激烈。各国都寻求“科技突围”，把创新放在更加重要的地位上。世界主要国家都加强了科技创新战略部署，深化体制改革，把营造创新生态作为提升创新能力的关键。美国实施《美国国家创新战略》，抢占载人航天、卫星探测、脑科学、先进制造等新兴领域的战略制高点；日本《第四期科学技术基本计划》将生命科学、信息通信、环境、纳米材料等八大领域作为发展重点。各国积极推行科技体制机制改革，加强创新治理。法国大力推行数字化研发网络，建立国家级网络设施平台，实施研发资源共享。各国强化对人才、资本、专利等战略性创新资源的争夺。

三是科技创新受政治裹挟现象日益突出和普遍，创新要素全球流动受到不同程度阻滞。近年来，全球科技创新发展受政治因素影响的事件时有发生，以美国为首的西方国家开始采取行动维护本国技术创新的领先地位。比如美国反复修改能源政策及在《巴黎协定》上出尔反尔，导致科技发展方向摇摆不定，还有部分发达国家通过限制在科学研究、技术研发、人员交流、市场应用等方面的合作，来对本国领先技术进行保护，同时达到遏制他国科技发展的目的。新冠疫情危机、俄乌冲突爆发之后科技创新被政治裹挟的现象更加突出，科技问题意识形态化的趋势更加明显，一方面，“科学无国界”的神话被打破，制裁引起的科研封闭趋势持续酝酿和传播，未来，科学研究受政治胁迫可能成为一种新的世界现象；另一方面，“政治正确”更大范围地波及科技发展，高科技企业、技术垄断型企业成为战时国家军事力量的重要组成部分并发挥战略性作用，未来只要有需要，这些企业都会成为美、西方用作战争的工具。[①]面对加速演进的世界变局和复杂激烈的技术政治战略博弈，全球科技创新网络正在深度重组，或出现不断扩大的“创新梯度”或“创新鸿沟”，创新要素流动的壁垒将严重限制全球的发展，特别是广大发展中国家的创新发展。

四是数字经济和技术迈向历史新阶段，场景驱动加速科技创新应用和迭代升级。以互联网和大数据、云计算、物联网、人工智能、新一代移动通信技术等为代表的数字技术将决定未来竞争格局，数字技术和数字治理正在成为大国战略竞争的新高地。随着科技的发展和生活水平的提升，人类对现实世界和虚拟世界的体验要求更高，让各种“场景”有了更大市场空间。当前AI无处不在，部分元宇宙变为现实，区块链技术显著进步，数字孪生技术、纳米技术、量子计算……从人工智能到生物科技，从新能源到空间探索，科技创新不断实现突破，场景应用日益更新。场景驱动创新成为数字经济发展的创新模式，应用导向、场景驱动为科学发现和技术创新提供新方向，科技研发与应用结合更加紧密，创新活动不断向下游延伸，“生产”成为继“研究”“发展”后的第三创新环境，拥有全景化应用场景的城市变得越来越有价值，数字经济和数字技术加速向经济社会各领域融合渗透、持续扩张，不断重塑经济社会新格局，数字化、智能化发展成为越来越明显的趋势。

五是多主体协同创新仍是全球应对共同挑战的主要方式，科研范式和科研组织方式不断变革。创新活动地域、组织与技术边界不断延伸、融合，多主体协同创新趋势更加明显，“技术联盟”正在大西洋和印太地区加速布局与联动。当前，人类正在步入科研范式和科研组织方式变革周期，数据密集型科研范式变得越来越重要，研发活动向网络化、生态化方向发展，开源开放、知识共享成为新趋势。技术集成成为创新常用形式，越来越多科技问题通过集成现有技术而得以解决。研发范式不再单纯遵循线性模式，而是更多走向多向发力。科技创新的社会属性日益凸显，科技向善成为研发应用越来

① 秦铮，丁明磊．全球科技新博弈［J］，瞭望．2022（22）．

越重要的导向。在科研组织方式上，举国体制正在被越来越多的国家采纳，国家主导的大科学研究和技术攻关的趋势更为明显。国家战略科技力量中的企业因素更加重要，科技领军企业在保障国家安全中的作用更为凸显，"平战结合"式科技研发甚至成为提升科技引领能力的重要推手。

六是从全球范围来看，推进科技创新中心建设是各个科技强国创新战略部署的重要内容之一。科技创新中心作为全球创新网络的枢纽节点，是全球创新资源要素的集聚地，在国际创新价值链、产业链等的分工体系中占据着重要地位。美国推出"区域技术中心"计划。2021年6月8日，美国国会参议院通过《2021美国创新和竞争法案》，该法案的一个重要目标就是进一步加强区域创新战略的研究制定和实施，推动政府、学术界、私营部门、经济发展组织和劳工组织的战略合作，建立若干区域技术中心，支撑解决美国区域发展和国家安全面临的重大技术挑战，塑造美国参与全球创新竞争的新优势。英国推出北部"科学城"创新计划，以加强落后地区的科技创新，促进区域均衡发展，解决创新资源过度向"伦敦—剑桥—牛津"地区聚集的问题。2000年后，英国政府提出在北部发展"科学城"的构想，并于2005年确定将约克、纽卡斯尔、曼彻斯特、伯明翰、诺丁汉和布里斯托6个城市作为"科学城"实施的主体。日本政府也实施了"区域创新战略支持计划"，以培育具有持续竞争力的特色产业集群为目标，在全国范围内筛选"区域创新战略推进区域"。2018年，德国政府颁布了《高科技战略2025》，主题是"研究与创新为人民""构建未来能力"。潘教峰等学者（2019）认为，从全球来看，与新的创新范围相匹配的生产要素和创新要素正在向亚太转移，未来世界科技中心在形态上表现为多中心并进，在区域上表现为加速向亚太地区转移，并具有网络化、国际化等新特点。

3.1.2 我国创新发展的演进与特征

创新驱动是世界大势所趋，在全球创新变局中加速中国创新，对中国来说机遇与挑战并存。党的十八大以来，我国创新发展表现出历史性、整体性、格局性的重大变化。当前中国的创新的总体态势、创新战略演进、区域创新格局形成等方面表现出如下特征：

一是创新成为引领发展的第一动力，我国创新能力稳步提升，创新性发展新动能加速集聚。世界知识产权组织（WIPO）发布的历年《全球创新指数》显示，2012—2023年，我国的创新排名稳步上升，从排名第34位上升到第12位，创新产出表现好于创新投入，是全球创新指数排名前30中唯一的中等收入经济体。2023年8月国家统计局发布的相关报告显示，2022年中国经济发展新动能指数为766.8，比上年增长28.4%。从主要构成指标看，创新驱动指数为336.3，比上年增长15.5%；知识能力指数为193.4，比上年增长5.9%。全社会研发经费投入首次突破3万亿元，稳居世界第二。世界知识产权组织总干事邓鸿森表示，中国已成为全球知识产权工作的重要贡献者，并成功转型为世界领先的创新、创意和科技中心之一。世界知识产权组织发布的2023年全球创新指数报告“科技集群”排名显示，在全球五大科技集群中，中国的深圳-香港-广州、北京、上海-苏州集群占据了三席，在“全球百强科技集群数量”排名中，中国以24个首次位列全球第一。国家统计局公布的创新指数也显示出了我国创新能力的快速提升（详见表3-1）。

二是区域发展动力向创新驱动转变，区域创新层次格局更加清晰。区域创新发展是创新型国家建设的重要支撑，我国区域发展动力向创新转变，形成多层次的区域创新高地，创新高地与周边腹地省份协同带动国家区域创新发展水平的整体提升，区域创新一体化以及创新链和产业链的区域化布局推

表3-1　　2015—2022年中国创新指数情况（2015年=100）

	2015年	2016年	2017年	2018年	2019年	2020年	2021年	2022年	2015年以来年均增长率（%）	2022年比2021年增长（%）
中国创新指数	100	105.3	112.3	123.8	131.3	138.9	147.0	155.7	6.5	5.9
1.创新环境指数	100	103.9	109.9	123.1	132.4	138.9	151.8	160.4	7.0	5.7
2.创新投入指数	100	103.8	111.1	119.6	124.3	131.9	137.1	146.7	5.6	7.0
3.创新产出指数	100	108.4	117.5	137.0	150.3	161.2	171.6	187.5	9.4	9.2
4.创新成效指数	100	105.2	110.7	115.5	118.0	123.6	127.2	128.2	3.6	0.7

资料来源：国家统计局网站 https：//www.stats.gov.cn/sj/zxfb/202310/t20231020_1943765.html。

动区域创新特色发展。中国科技部门发布的信息显示，截至目前，中国初步形成了以京津冀、长三角、珠三角等区域为核心、以23家国家自创区、178家国家高新区等各类园区为代表的协同创新格局。京津冀地区的北京、天津，长三角地区的上海、江苏以及珠三角地区的广东综合科技创新水平排名一直稳居全国前5位。与此同时，包括天津、山东、江苏等6省市的纵向沿海"创新带"和四川、重庆、湖北等横向长江"创新带"的"T"字形布局日渐成型。长三角区域已在全国范围内率先形成三大高地——创新资源聚集和流动高地、创新成果开发和共享高地、产业发展联动和投资高地。从区域创新格局的动态演进来看，近年来，仅从R&D经费的地区分布看，中部地区显著上升，西部地区略有增加，区域创新不平衡有所收窄，东北地区显著下降，东北地区研发经费占全国比重稳中略降。

三是我国创新驱动发展已具备发力加速的基础，但许多产业仍处于全球价值链的中低端。我国科技创新与发展正在进入由量的增长向质的提升的跃升期，科研体系逐渐完备，人才队伍日益壮大，科学、技术、工程、产业的自主创新能力快速提升。经济转型升级、民生持续改善和国防现代化建设对创新提出了巨大需求。庞大的市场规模、完备的产业体系、多样化的消费需求与互联网时代创新效率的提升相结合，为创新提供了广阔空间。中国特色社会主义制度能够有效结合集中力量办大事和市场配置资源的优势，为实现创新驱动发展提供了根本保障。但同时也要看到，我国许多产业仍处于全球价值链的中低端，一些关键核心技术受制于人，发达国家在科学前沿和高技术领域仍然占据明显领先优势，我国支撑产业升级、引领未来发展的科学技术储备亟待加强。①我们的创新水平和能力与西方发达国家还存在一定的差距，研究人员方面，2020年中国研究人员228万名，是世界上研究人员最多的国家，欧盟和美国分别为189万和159万，但中国每千名就业人员中研究人员数量只有3人，约为欧盟水平的1/3。②

四是以新型举国体制优势强化国家战略科技力量，国家创新能力体系逐步完善。国家实验室、国家科研机构、高水平研究型大学、科技领军企业是国家战略科技力量的重要组成部分，共同构成国家创新能力体系。近年来，我国深入实施创新驱动发展战略，完善新型举国体制，发挥国家战略科技力量作用。根据国家重大战略需求，在新兴前沿交叉领域和具有我国特色和优势的领域，围绕信息、生命、能源等领域，2020年我国成功组建首批国家实验室。除此之外，还不断完善创新基地布局，主要包括优化提升国家工程研究中心、国家技术创新中心，支持发展新型研究型大学、新型研发机构等。新冠疫情暴发以来，疾病防治攻关等民生科技受到越来越多的重视。

五是强化企业创新主体地位和科技领军企业创新主体地位，促进大中小

① 中华人民共和国中央人民政府网站.中共中央 国务院印发《国家创新驱动发展战略纲要》［EB/OL］.［2016-05-19］. https：//www.gov.cn/xinwen/2016-05/19/content_5074812.htm.

② 中国科学院科技战略咨询研究院.《OECD报告分析新形势下的各国科技创新政策趋势》［EB/OL］.［2023-06-15］. http：//www. casisd. cn/zkcg/ydkb/kjzcyzxkb/2023/zczxkb202305/202306/t20230615_6778572.html.

企业融通创新。多年来，我国积极鼓励企业发挥创新主体作用，推动大企业、中小企业联合科研院所、高校等组建一批大中小企业融通、产学研用协同的创新联合体，鼓励承接科技重大项目，加强共性技术研发。完善涵盖科技型中小企业、高新技术企业、专精特新企业、独角兽、隐形冠军、科技领军企业等各类企业的全链条全周期政策支持和服务体系。2022年我国市场主体突破1.69亿户，增长迅速，企业研发投入占全社会研发投入已超过3/4，拥有有效发明专利的企业达35.5万家，有效发明专利总数达232.4万件。《财富》全球500强企业榜单中中国企业上榜数量为145家，连续三年位居全球首位。

六是区域科技创新中心建设成为区域打造竞争优势的战略重点。区域科技创新中心是区域创新系统的增长极核，区域科技创新中心具有科学研究、发明创造、协调联动、产业驱动、区域提升五大功能①。国家"十四五"规划纲要明确提出"支持有条件的地方建设区域科技创新中心"，党的二十大报告再次提出"统筹推进国际科技创新中心、区域科技创新中心建设"，对区域科技创新中心建设给予高度重视。"十四五"以来，全国各地开始紧锣密鼓地谋划国家区域科技创新中心建设，科技创新中心建设不断加速，如江苏、浙江、湖北等地面向"十四五"进行任务部署，并出台相关建设方案，区域科技创新中心建设支撑区域重大战略落实，是促进区域经济高质量发展的利器。

3.2　比较优势与有利条件

辽宁构建区域科技创新中心是服务国家新发展格局、培育振兴发展新

① 马海涛，陶晓丽．区域科技创新中心内涵解读与功能研究［J］．发展研究，2022，39（2）：64-70.

动能、构建现代化产业体系的重要途径。细数科教资源“家底”，辽宁创新资源密集、产业基础完善，具备构建区域科技创新中心的基础和有利条件。

3.2.1 拥有建设区域科技创新中心的独特地理和区位优势

辽宁地处亚欧大陆东部、东北亚经济圈的核心地带，是中国面向东北亚唯一陆海双重门户、东北地区唯一的出海口，是丝绸之路经济带和21世纪海上丝绸之路的重要交汇点，海陆通达，拥有沿海、沿江、沿边的地缘优势。按照我国传统东部、西部、中部和东北四大板块的区域划分，就东北地区而言，辽宁是在地理区位上最具打造区域科技创新中心优势的地区，坐拥沈阳国家中心城市和大连东北亚国际航运中心两个中心城市，以沈大国家自主创新示范区为承载，全省有8个国家级高新区，占全国高新区总量比重为22%，占东北地区高新区总量50%，19家省级以上高新区，实现省级以上高新区各市全覆盖，对于创新资源集聚有着良好的基础。

3.2.2 拥有以高水平实验室为引领的战略科技力量等创新平台和载体优势

辽宁科研院所集中，高能级创新平台集聚，科研机构众多，全省共有1 652家，中直科研院所30余家，包括中国科学院所属的大连化学物理研究所、金属研究所、沈阳应用生态研究所、沈阳自动化研究所等6家，科研院所科技资源、科技投入和创新成果产出均居全国前列。聚焦新材料、装备制造、智能制造、洁净能源与精细化工等优势科技和产业领域，揭牌启动材料、辽河、滨海和黄海4家辽宁实验室。积极推进大连先进光源、超大型深部工程、海洋工程环境实验与模拟设施等大科学装置建设，累计获批国家重点实验室11个。截至2021年，依托企业组建的各类省级科技创新平台总数达518家。全省有国家工程技术研究中心12家，国家工程研究中心16

家，国家企业技术中心43家，全省双创示范基地19家，技术转移示范机构91家，科技企业孵化器63家，省级中试基地36家。截至2021年，辽宁共有各类产业技术创新平台198个，围绕先进装备制造、新材料、新一代信息技术等领域，推进开展重大关键技术攻关，开发出国内首套应用于集成电路生产线的IC装备机械手及硅片传输系统等一批重大产品，做优了工业机器人、核主泵、IC装备等一批具有国际影响力的产业链、创新链。沈大国家自主创新示范区获批以来，在政策体系、新旧动能转化、协同创新、成果转化、投融资等方面改革取得了突破性进展，为全省创新驱动发展作出了有益探索。

3.2.3 拥有创新潜能巨大的科教资源优势

辽宁高等教育资源丰富，为区域科技创新中心建设提供了有利条件和基础（详见表3-2）。辽宁作为科教大省，有高校114所，居东北首位，占全国4.1%，数量排全国第10位，其中“双一流”高校4所。截至2021年，全省有普通本专科在校生114.1万人；有在学硕士生14.2万人。截至2021年，高等学校R&D人员合计48 160人，排全国第11位；R&D经费支出合计762 270万元，排名全国第13位；专利申请数14 373件，排名全国第13位；有效发明专利21 201件，排名全国第12位。辽宁科研机构众多，共有1 652家。辽宁科研院所在重大技术装备、新材料、智能制造等领域一直保持较强的实力，科技资源、科技投入和创新成果产出均居全国前列。

表3-2　　2021年普通、职业高等学校科技情况统计

地区	高等学校数（个）	R&D人员合计（人）	R&D经费内部支出（万元）	R&D经费外部支出（万元）	专利申请数（件）	有效发明专利（件）
全国	2 756	1 407 976	21 804 934	1 498 004	381 565	600 653
东北	260	130 816	1 683 528	116 324	28 428	53 653
辽宁	114	48 160	720 472	41 798	14 373	21 201
辽宁占全国比重（%）	4.1	3.4	3.3	2.8	3.8	3.5

资料来源：《中国科技统计年鉴2022》。

3.2.4　拥有高学历人才储备量相对富集，产业技术工人底蕴扎实的人才资源优势

辽宁是人才大省，截至2023年在辽宁的“两院”院士61人，全国杰出专业技术人才7人。新增国家创新人才推进计划161人，国家杰出青年科学基金资助153人，省级高层次人才（包括科技创新领军人才、科技创业领军人才和高水平创新创业团队）389人，“带土移植”创新创业人才团队和短期外国专家团队70个。2022年，享受国务院政府特殊津贴专家8 377人，位居全国前列。2021年，全省R&D人员19万人，占东北地区54%。从每十万人口高等教育在校生人数来看，2022年，辽宁是3 931人，高于全国平均水平（3 510人），位列全国第7位。目前辽宁产业技术工人总量达到527.1万人，占辽宁总人口的12.6%，其中高技能人才达134.3万人。2020年，辽宁省共有国家级高技能人才培训基地28家，国家级技能大师工作站43家，省级技能大师工作站171家。①

① 辽宁省统计局. 2022年辽宁省人力资源和社会保障事业发展统计公报［EB/OL］.［2023-06-30］. https://rst.ln.gov.cn/rst/zfxx/fdzdgknr/lzyj/rstgfxwj/lrs/2023063009000678605/index.shtml.

3.2.5 拥有产业基础雄厚和产业体系完备的科创场景优势

辽宁是国家从“一五”时期开始重点扶持建设的装备制造业重要科研生产基地，是新中国成立以后最早建成的全国重工业基地，我国自主研制的许多第一台（套）重大装备都是在辽宁实现了零的突破，曾创造出了多个“全国第一”，填补了大量产业空白，树立过很多行业标杆，曾为全国工业体系建设、现代化建设作出了重要的历史性贡献，被誉为“新中国工业摇篮”“共和国装备部”。虽然近些年经济在不断下滑，但辽宁至今仍是全国重要的装备制造业基地和原材料基地，工业门类齐全、产业基础雄厚，辽宁在国民经济行业的41个工业大类中拥有40个（缺少其他采矿业），207个工业中类中拥有197个，拥有生产大国重器、保障国防安全的特色产业场景优势。目前全省高新技术企业突破7 000家，科技型中小企业突破10 000家。

总体来看，辽宁产业创新能力特色鲜明，在重大技术装备和军工等领域的产业创新能力优势明显，在新材料、精细化工、高端装备制造、半导体芯片制造设备和工业基础软件等领域具备产业底蕴和科技优势，具备在这些领域解决一批“卡脖子”难题的基础和优势，在提升我国产业链供应链稳定性和竞争力上发挥重要作用。从具体行业的相对比较优势来看，2021年，辽宁黑色金属矿采选业排名全国第2位，资产占全国26%，石油、煤炭及其他燃料加工业资产排全国第3位，占11.5%，铁路、船舶、航空航天和其他运输设备制造业排全国第2位，采矿业、通用设备制造业、专用设备制造业、汽车制造业等都具有一定特色和优势，为辽宁区域科技创新中心建设提供了良好的产业土壤。

3.2.6 创新型城市和科技企业不断壮大的创新主体优势

辽宁创新型城市发展和科技企业培育发展迅速，整体位于全国中上游，为区域科技创新中心建设创造了有力的创新主体优势。从创新型城市发展的角度来看，根据科技部科学技术信息研究所发布的《国家创新型城市创新能力评价报告2023》，国家创新型城市创新能力指数排名中，辽宁省大连市、沈阳市分别位列第19、20位，居东北各城市首位。大连、沈阳、鞍山3市入选城市创新能力百强榜，分别位列第19、20、94位。拥有国家级高新技术企业30强城市中，沈阳、大连两市位列第22、23位。从科技企业培育的角度来看，目前辽宁已形成“科技型中小企业、高新技术企业和雏鹰瞪羚独角兽企业”的梯度培育体系，2022年全省科技型中小企业、高新技术企业增速达到46.7%、27.7%，全国排名跃居到第13位、12位。2023年上半年，全省新增科技型中小企业6 509家，同比增长62.7%，总数达到29 551家，累计培育“雏鹰”“瞪羚”“独角兽”等新经济企业4 498家，“独角兽”企业实现零的突破。[①]围绕产业链和创新链，辽宁布局建设了一批技术开发能力强、中试熟化服务水平高的中试基地。

3.2.7 产业技术创新战略联盟效果突出

辽宁制定了产业技术创新战略联盟试点认定三年滚动实施方案，共结成联盟1 300余个，集聚上下游企业及产学研合作方6 400多家，方向集中在流体机械产学研用技术、机器人产学研用技术和输变电产学研用技术、先进制造领域、新材料领域、生物医药领域、新一代信息技术领域等。通过产业技术创新联盟建设，紧紧围绕产业链，推动创新资源向企业集聚，引领企业、高校和科研机构共同奔向市场，形成“千军万马齐创新”的局面。

---

① 辽宁省人民政府网站.全省科技创新引领全面振兴新突破有关情况新闻发布会［EB/OL］.［2023-08-10］. https：//www.ln.gov.cn/web/spzb/2023nxwfbh/2023081014133855902/.

第4章

辽宁推进区域科技创新中心的探索与实践

党的十八大以来，全国梯次联动的区域创新格局加快成型，辽宁作为东北地区科技创新优势最为显著的省份，争创区域科技创新中心是国内区域创新板块实现联动发展、实施科技强国战略的重要支撑。辽宁始终坚持创新在现代化建设全局中的核心地位，深入实施科教兴省战略、人才强省战略、创新驱动发展战略，科技创新能力、科技成果转移转化能力不断提升，区域科技创新中心建设扎实推进。

4.1 辽宁推进区域科技创新中心的政策梳理

4.1.1 面向企业的科技创新政策

《科技助力民营企业创新发展若干政策措施》辽科发〔2019〕13号。支持民营企业承担或参与国家和省重大科技专项、重点研发计划等科技计划项目，对被评为省级重大专项的单个项目支持1 000万元左右，对被评为省级重点研发计划的单个项目支持30万~100万元；对获批国家级平台的，一次性给予主持人或团队成员最高500万元奖励。

《辽宁省民营科技企业梯度培育工程实施方案》辽科发〔2019〕14号。建立辽宁省民营科技企业梯度培育库，搭建在线服务平台，构建较为完备的政策体系，形成省市区三级联动、线上线下共同推进的工作机制。力争到2021年，培育一批引领示范带动全省新旧动能转换的民营科技企业，民营科技型中小企业达到6 000家、民营高新技术企业达到4 000家、民营瞪羚、独角兽企业达到150家。

《辽宁省“揭榜挂帅”制实施管理暂行办法》辽科发〔2021〕42号。聚焦辽宁做好结构调整“三篇大文章”的“卡脖子”问题、重大关键核心技术和科技成果转化，对承担省技术攻关“揭榜挂帅”项目的企业，按照不超过企业自筹经费30%的比例，最高给予1 000万元的资金支持。

《辽宁省人民政府办公厅关于印发进一步优化营商环境 加大对中小微企业和个体工商户纾困帮扶力度的政策措施的通知》辽政办发〔2022〕24号。组建提升类实质性产学研联盟，支持科技型中小企业与高校院所、人才团队开展产学研合作，按企业研发投入比例，给予最高不超过50万元后补助支持。对新备案的省级“瞪羚”“独角兽”企业，给予20万元、50万元奖励性后补助支持。

《辽宁省人民政府办公厅关于印发辽宁省培育壮大集成电路装备产业集群若干措施的通知》辽政办〔2022〕57号。对承担集成电路领域国家重点项目的企业，国家要求地方安排配套资金的，按照国家规定配套比例及相关要求安排配套资金；国家未要求配套的，对在行业技术进步和产业结构优化升级方面有较大作用，具备成果转化条件及产业化应用前景的，原则上按照国家实际拨付项目资金1∶1比例安排配套资金。对新认定和新批准设立的集成电路装备整机和关键零部件领域国家级和省级重点实验室、工程研究中心、技术创新中心、产业创新中心、企业技术中心、制造业创新中心等创新平台按规定给予支持。其中，对评估优秀的省级平台给予300万元一次性奖励，对国家级平台给予1 000万元一次性奖励。

《辽宁省人民政府关于印发〈辽宁省进一步稳经济若干政策举措〉的通知》辽政发〔2023〕1号。2023年底前，鼓励符合条件的科技担保公司对单户担保金额200万元以下（含200万元）的融资担保业务免收担保费，由省财政给予年化2%的担保费补贴。

《辽宁省金融支持科技型企业全生命周期发展若干举措》辽政办发〔2023〕16号。对于孵化期企业，支持对接天使（创业）投资基金、地方金融组织，鼓励金融机构创设“创业类”首贷产品，给予创业资金支持，推动新设企业实现“从0到1”的突破。对于初创期企业，支持对接风险投资基金，提供首贷续贷、投贷联动类金融产品。对于成长期企业，支持对接股权投资基金、商业银行、科技担保、科技保险、保理租赁等机构。对于成熟期企业，支持企业上市融资、并购重组等资本运作，引领产业升级，实现高质量发展。

4.1.2 促进科技成果转化政策

《辽宁省技术转移体系建设实施方案》辽政发〔2018〕3号。到2020年，基本建成适应辽宁产业发展需求、具有辽宁特色的技术转移体系，建设重点实验室、技术创新中心、产业技术创新平台、院士专家工作站、临床医学研究中心等各级各类技术研发机构1 500个以上；建设一批技术转移基地，国家及省级高新区达20个以上、省级农业科技园区达30个以上；推动省内外高校、科研院所在辽宁落地科技成果5 000项以上，技术合同成交额达到600亿元以上。

《辽宁省科技成果转化和技术转移奖励性后补助实施细则》辽科发〔2021〕18号。通过技术转让、技术许可等形式实施的科技成果转化项目，按照不超过实际到账金额的50%给予补助，最高不超过200万元；通过技术开发形式实施的科技成果转化项目，按照不超过合同到款额30%给予补助，最高不超过200万元；通过作价入股形式实施的科技成果转化项目，按照不超过实缴金额的50%（实缴金额以银行凭证为准）给予补助，最高不超过200万元。

《辽宁省提高科技成果本地转化率实施方案》。到2025年，科研供给效能进一步提升，企业科技成果转化能力显著提高，技术交易服务体系发展健全，专业化科技成果转化人才队伍发展壮大，多元化科技成果转化投入渠道日益完善，全省技术合同成交额达到1 200亿元。

《辽宁省提高科技型企业增长率实施方案》辽委办发〔2022〕24号。支持企业建设技术创新中心、重点实验室等科技创新平台。对运行成效较好的省级科技创新平台，择优给予不低于50万元资金支持，对获批的国家级科技创新平台，在建设期内每年给予不低于500万元的建设与运行经费支持。

《辽宁省实质性产学研联盟备案管理办法（暂行）》辽科发〔2022〕45

号。联盟以“盟主”企业的技术创新问题为导向，产、学、研各方共同奔向市场、奔向需求，让技术创新成果尽快转化为社会现实生产力。联盟后补助资金参照《辽宁省技术创新引导专项项目与资金管理办法（暂行）》（辽科发〔2020〕42号）进行管理，主要用于开展产学研联合攻关、平台建设、人才引进以及联盟运行等方向，由“盟主”企业牵头编制资金使用方案，并将资金使用情况报省科技厅。

辽宁省教育厅等7个部门联合印发《辽宁“校企协同科技创新伙伴行动”实施方案》（以下简称《实施方案》）。《实施方案》要求到2025年，有组织推动100所以上高校对接1 000家以上企业、2 000名以上高校专家走进企业，实现科技成果转化7 000项以上，立项“揭榜挂帅”项目50项以上，新增部委级高水平科研平台10个以上，建设高校知识产权运营机构和高价值专利培育中心15家以上，建设校企、校地研究院10个以上，“校企会客厅”活动全域覆盖15个县区以上，举办“校企圆桌”论坛6场以上，校企协同助力辽宁全面振兴新突破取得显著成效。

4.1.3 “兴辽英才”政策措施

《关于加强新时代辽宁高技能人才队伍建设的实施意见》。聚焦先进装备制造、精细化工、冶金新材料3个万亿级产业基地和数控机床等22个产业集群，加强高技能领军人才培育。建设一批国家级高技能人才培训基地、省级职业技能培训示范基地、技能大师工作室（站）、劳模工匠和职工创新工作室等项目，给予最高700万元建设补助资金。

《关于印发〈辽宁省科技成果转化成绩优异人员职称评定暂行办法〉（修订）的通知》辽人社职〔2022〕17号。本办法适用于持有科技成果并在辽宁省行政区域内进行转化，科技成果转化成绩优异的企事业单位、社会组织、非公有制经济组织等单位的科技人员，以评价科技成果转化工作成绩为第一标准，为科技成果转化成绩优异人员开辟“绿色通道”，将科技成果转化的经济社会效益作为主要评价内容，重视应用方对科技成果转化效果的评价，加大企业评价在专业技术资格评定中的权重系数。

《辽宁省人才服务全面振兴三年行动计划（2018—2020年）》辽委办发〔2018〕25号。在加大科研人员激励力度方面，提出了3个不低于70%的标准，即以技术转让或者许可方式在本省转化职务科技成果的，应当从技术转让或者许可所取得的净收入中提取不低于70%的比例用于奖励；以科技成果作价投资在本省实施转化的，应当从作价投资取得的股份或者出资比例中提取不低于70%的比例用于奖励；在研究开发和科技成果在本省转化中作出主要贡献的人员，获得奖励的份额不低于奖励总额的70%。

《辽宁省科技人才评价综合改革试点实施方案》辽科发〔2023〕37号。选择中国科学院大连化学物理研究所等9家高校院所，对承担省级以上重大攻关任务的人才、从事基础研究的人才、从事应用研究和技术开发的人才、从事科技成果转化的人才等四类人才，分类精准开展科技人才评价改革试点工作。

4.1.4 财政科研经费管理有关政策

《科技领域省与市财政事权和支出责任划分改革方案》辽政办发〔2020〕6号。对聚焦省重大战略产品和重大产业化目标、在设定时限内进行集成式协同攻关的事项，由省财政承担主要支出责任，通过省级科技重大专项等予以支持。对围绕省重点产业领域，以加快产业技术重点突破和科技成果转化应用为目标，组织实施的技术攻关项目，由省财政承担主要支出责任，通过省重点研发计划等予以支持。

《辽宁省财政厅等18部门印发〈关于改革完善省级财政科研经费管理的实施意见〉的通知》（辽财教〔2022〕142号）进一步精简合并预算编制科

目，按设备费、业务费、劳务费三大类编制直接费用预算。直接费用中除50万元以上的设备费外，其他费用只提供基本测算说明，不需要提供明细。

《辽宁省财政厅等18部门印发〈关于改革完善省级财政科研经费管理的实施意见〉的通知》辽财教〔2022〕142号。在“兴辽英才计划”杰出人才、领军人才和青年拔尖人才科研项目，以及省自然科学基金、科学事业公益研究基金等科技计划中的基础研究类科研项目中推行经费包干制，实行经费包干制的项目不再编制项目预算，由项目承担单位制定经费包干制相关内部管理规定。

《辽宁省财政厅等18部门印发〈关于改革完善省级财政科研经费管理的实施意见〉的通知》辽财教〔2022〕142号。提高间接费用比例，加大科研人员激励力度。间接费用按照直接费用扣除设备购置费后的一定比例核定，由项目承担单位统筹安排使用。其中，500万元以下的部分间接费用比例为不超过30%，500万元至1 000万元的部分间接费用比例为不超过25%，1 000万元以上的部分间接费用比例为不超过20%；对数学等纯理论基础研究项目，间接费用比例提高到不超过60%。项目承担单位可将间接费用全部用于绩效支出，并向创新绩效突出的团队和个人倾斜。

《辽宁省财政厅等18部门印发〈关于改革完善省级财政科研经费管理的实施意见〉的通知》辽财教〔2022〕142号。项目聘用人员的劳务费开支标准，参照当地科学研究和技术服务业从业人员平均工资水平，根据项目聘用人员在项目研究中承担的工作任务确定。允许将项目聘用人员由单位缴纳的社会保险补助、住房公积金等纳入劳务费科目列支。

《辽宁省财政厅等18部门印发〈关于改革完善省级财政科研经费管理的实施意见〉的通知》辽财教〔2022〕142号。发挥财政资金的杠杆效应和导向作用，引导企业参与，发挥金融资金作用，吸引民间资本支持科技创新创业。优化科技创新类引导基金使用，推动更多具有重大价值的科技成果转化应用。拓宽基础研究经费投入渠道，鼓励省市联合参与国家自然科学基金区域创新发展联合基金，促进基础研究与需求导向良性互动。更多相关文件详见表4-1。

表4-1 辽宁推动科技创新相关文件列表

文件名称	文号
辽宁省科技型中小企业入库备案管理办法（试行）	辽科发〔2017〕15号
辽宁省科学技术普及基地认定管理办法	辽科发〔2017〕23号
关于进一步抓好企业研发费用税前加计扣除政策落实的通知	辽科发〔2017〕54号
辽宁省技术转移体系建设实施方案	辽政发〔2018〕3号
关于推广科技成果转化政策落实试点有关政策措施和沈阳市全面创新改革试验科技创新典型经验的通知	辽科发〔2018〕23号
辽宁省技术先进型服务企业认定管理办法（修订）	辽科发〔2018〕33号
关于优化科研管理提升科研绩效若干措施的通知	辽科发〔2018〕31号
关于抓好赋予科研机构和人员更大自主权有关文件贯彻落实的通知	辽科发〔2019〕9号
科技助力民营企业创新发展若干政策措施	辽科发〔2019〕13号
辽宁省民营科技企业梯度培育工程实施方案	辽科发〔2019〕14号
辽宁省科技成果转化和技术转移奖励性后补助实施细则（试行）	辽科发〔2019〕17号
关于深化省级科技计划项目和资金管理“放管服”改革若干措施的通知	辽科发〔2019〕22号
辽宁省科技创新基地优化整合方案	辽科发〔2019〕23号
辽宁省科学事业公益研究基金计划项目管理办法	辽科发〔2019〕25号
辽宁省技术创新中心管理办法（试行）	辽科发〔2019〕27号
辽宁省重点实验室管理办法（试行）	辽科发〔2019〕28号
辽宁省企业R&D经费投入后补助实施细则（修订）	辽科发〔2019〕32号
辽宁省产业技术创新研究院管理办法（试行）	辽科发〔2019〕37号

续表

文件名称	文号
辽宁省科技重大专项项目及资金管理办法（试行）	辽科发〔2019〕42号
辽宁省省级创新平台运行后补助实施细则（试行）	辽科发〔2019〕50号
辽宁省创业导师管理办法（试行）	辽科办发〔2019〕47号
辽宁省专业化众创空间建设工作指引（试行）	辽科办发〔2019〕46号
辽宁省众创空间评价办法（试行）	辽科办发〔2019〕45号
辽宁省众创空间备案管理办法（试行）	辽科办发〔2019〕44号
辽宁省科技企业孵化器管理办法（试行）	辽科办发〔2019〕42号
科技领域省与市财政事权和支出责任划分改革方案	辽政办发〔2020〕6号
辽宁省关于促进文化和科技深度融合的实施意见	辽科发〔2020〕9号
关于破除科技评价中“唯论文”不良导向的实施意见（试行）	辽科发〔2020〕18号
辽宁省高新区存量资产盘活实施方案	辽科发〔2020〕19号
辽宁省文化和科技融合示范基地评选培育管理办法（试行）	辽科发〔2020〕25号
辽宁省技术创新引导专项计划项目与资金管理办法（暂行）	辽科发〔2020〕42号
辽宁省雏鹰、瞪羚、独角兽企业评价办法（试行）	辽科发〔2020〕45号
辽宁省企业产学研用技术创新联盟建设发展指引	辽科发〔2020〕49号
辽宁省企业产学研用技术创新联盟评价服务办法（试行）	辽科办发〔2020〕79号
辽宁省科研诚信建设特邀专家咨询委员会工作规则	辽科办发〔2020〕42号
辽宁省科技型企业再贷款贴息实施办法	辽科发〔2021〕44号
辽宁省“揭榜挂帅”制实施管理暂行办法	辽科发〔2021〕42号
辽宁省典型实质性产学研联盟评估评价办法（暂行）	辽科发〔2021〕20号
辽宁省建设实质性产学研联盟工作指引（暂行）	辽科发〔2021〕19号
辽宁省科技成果转化和技术转移奖励性后补助实施细则（试行）	辽科发〔2021〕18号
辽宁省科技成果转化中试基地建设指引	辽科发〔2021〕11号

续表

文件名称	文号
辽宁省科技成果转化中试基地备案管理办法（试行）	辽科发〔2021〕10号
科技支撑数字辽宁建设专项行动方案（2021—2023）	辽科办发〔2021〕23号
辽宁省大学科技园管理办法（试行）	辽科办发〔2021〕11号
辽宁省科学技术活动严重失信行为认定及记录暂行办法	辽科办发〔2021〕62号
“带土移植”引育计划项目管理办法	辽科办发〔2021〕30号
关于优化财政金融服务支持科技企业发展的若干意见	辽科办发〔2021〕24号
辽宁省科技专家库管理办法	辽科办发〔2021〕76号
关于开展省级科技项目资金绩效管理工作方案	辽科办发〔2022〕48号
关于改革完善省级财政科研经费管理的实施意见	辽财教〔2022〕142号
辽宁省科技成果转化成绩优异人员职称评定暂行办法（修订）	辽人社职〔2022〕17号
辽宁省人民政府办公厅关于印发进一步优化营商环境加大对中小微企业和个体工商户纾困帮扶力度的政策措施的通知	辽政办发〔2022〕24号
辽宁省提高科技型企业增长率实施方案	辽委办发〔2022〕24号
辽宁省科技计划联合计划项目管理办法（试行）	辽科发〔2022〕57号
辽宁省自然科学基金联合基金项目管理办法（试行）	辽科发〔2022〕56号
辽宁省科研诚信管理办法	辽科发〔2022〕55号
辽宁省实质性产学研联盟备案管理办法（暂行）	辽科发〔2022〕45号
辽宁省重大科研基础设施和大型科研仪器开放共享管理办法	辽科发〔2022〕20号
辽宁省科技计划项目管理办法	辽科发〔2022〕17号
辽宁省科技成果转化中试基地项目管理办法（试行）	辽科发〔2022〕15号
辽宁省大学科技园评价办法（试行）	辽科发〔2022〕14号
关于完善辽宁省科技成果评价机制的实施意见	辽科发〔2022〕1号
辽宁省进一步稳经济若干政策举措	辽政发〔2023〕1号

续表

文件名称	文号
辽宁省金融支持科技型企业全生命周期发展若干举措	辽政办发〔2023〕16号
关于落实“放管服”要求进一步完善科技计划项目经费管理的若干措施	辽科办发〔2023〕26号
关于开展辽宁省省级科技计划项目经费“包干制”试点的通知	辽科发〔2023〕54号
辽宁省科技成果转化中试基地绩效评价管理办法（试行）	辽科发〔2023〕53号
辽宁省科技人才评价综合改革试点实施方案	辽科发〔2023〕37号
辽宁省省级科技计划资金绩效评价暂行办法	辽科发〔2023〕19号
辽宁省科技计划项目监督管理暂行办法	辽科发〔2023〕17号

资料来源：辽宁省人民政府、辽宁省科技厅网站收集整理。

4.2 辽宁推进区域科技创新中心建设成效

4.2.1 科技创新策源能力不断提升

（1）重大科技创新平台建设稳步推进

近年来，辽宁聚焦国家战略目标，以产业发展和创新链布局需求为牵引，着力打造一批高能级创新平台，积极争取科技部、中国科学院、中财办、国家发改委等部委支持，推进“基于高亮度极紫外自由电子激光的前沿科技研究设施”列入国家建设布局；支持辽宁材料实验室建立以错位布局、多学科融合、分阶段研发、全过程“下蛋”为核心的研发范式，组建了6个颠覆性技术研究所，集聚科研人员173人。依托中国科学院沈阳自动化研究所建设的机器人学国家重点实验室，成为我国机器人新概念、新原理、新方法的原始创新策源地和关键核心技术供给的主力军。

（2）基础研究和应用研究的扶持力度不断加强

《辽宁省科技创新条例》中明确提出，“建立稳定支持机制，推动高等院校、科研机构、企业以及科技人员面向世界科技前沿、面向经济主战场、面向国家重大需求、面向人民生命健康，开展基础研究和应用基础研究”，并规定省人民政府投入基础研究和应用基础研究的资金不低于本级财政科技专项资金的20%，以确保对基础研究的稳定支持。2021年辽宁财政科技支出中基础研究和应用研究所占比重分别为11.77%和9.63%，合计占比21.4%，其中基础研究所占比重比2016年提高了10.43个百分点。实施国家自然科学基金区域联合基金，不断提升全省基础研究和原始创新能力，争取国家自然科学基金项目1 276项、经费8.66亿元，如图4-1所示。

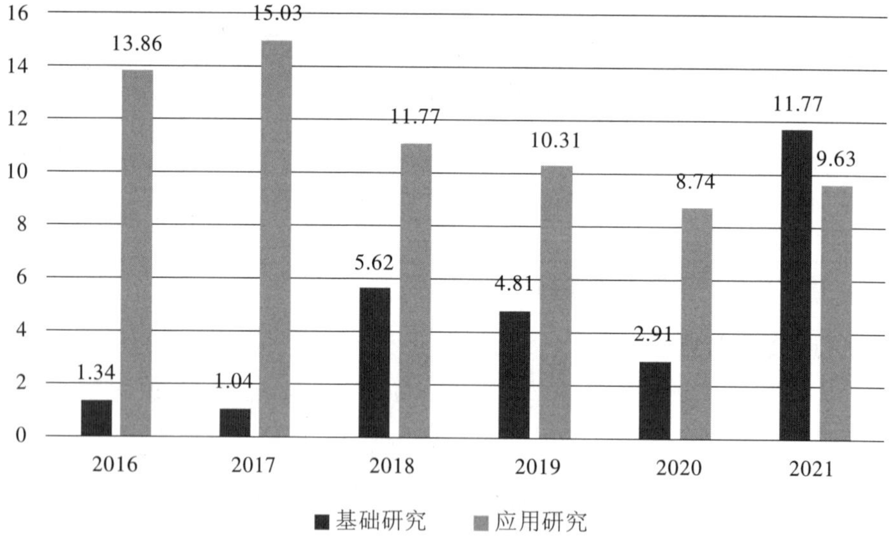

图4-1　2016—2021年辽宁地方财政科技支出中基础研究和应用研究占比的变动情况（%）

数据来源：《辽宁统计年鉴》。

(3)“双一流”高质量建设全力推进

推动落实《辽宁省高等学校一流大学和一流学科建设支持方案》，省市财政投入专项资金11.5亿元支持全省33所高校、110个一流学科建设，东北大学冶金工程学科进入新一轮国家“双一流”重点建设学科，东北大学未来技术学院获批全国首批12个未来技术学院（见表4-2），大连理工大学软件学院和东北大学软件学院获批全国33个首批特色化示范软件学院，沈阳化工大学菱镁产业学院、大连交通大学中车学院和渤海大学大数据产业学院获批全国50个首批现代产业学院，新增基础学科拔尖学生培养基地4个，新增人工智能、机器人工程、大数据科学与技术等“四新”专业92个。

表4-2 **全国首批12个未来技术学院名单**

	高校名称	学院名称
1	北京大学	未来技术学院
2	清华大学	未来技术学院
3	北京航空航天大学	未来空天技术学院
4	天津大学	未来技术学院
5	东北大学	未来技术学院
6	哈尔滨工业大学	未来技术学院
7	上海交通大学	未来技术学院
8	东南大学	未来技术学院
9	中国科学技术大学	未来技术学院
10	华中科技大学	未来技术学院
11	华南理工大学	未来技术学院
12	西安交通大学	未来技术学院

资料来源：教育部网站，教高厅函〔2021〕16号。

4.2.2 科技成果产业化平台不断完善

（1）东北科技大市场建设高规格推进

积极推动东北科技大市场在各市建立分市场、高校院所建立工作站、企业建立分中心，建立了覆盖全省的技术交易服务体系，省级以上技术转移机构93家，技术经纪（经理）人突破1 500人。建立先进适用科技成果项目库，组织开展多形式、多领域的撮合对接活动。2023年科技成果撮合对接会聚集了1 000余家企业、46家高校科研机构、30家金融服务机构，发布了可转化科技成果1 683项，企业技术需求1 123项，4家中试基地、8个千万级以上转化项目完成了现场签约①。从图4-2、图4-3历年技术市场成交情况来看，2021年辽宁技术市场成交18 526项，成交金额7 551 240万元，分别是2016年的1.42倍、2.34倍，技术市场成交项数分别是同期吉林省和黑龙江省的4.90倍和2.66倍，技术市场成交金额分别是同期吉林省和黑龙江省的6.98倍和2.16倍，辽宁技术市场成交项数和成交金额均呈现显著优势。

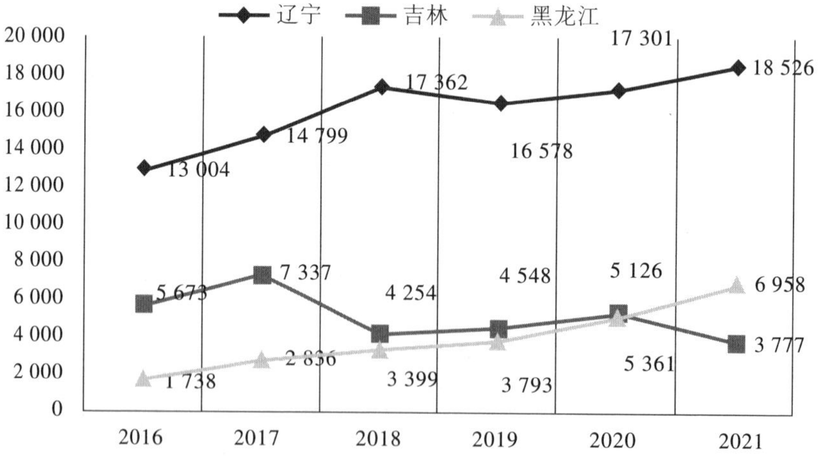

图4-2　2016—2021年东北三省技术市场成交项数（项）

① 辽宁省科技厅网站．辽宁省科技成果撮合对接会在沈阳东北科技大市场隆重举行．[EB/OL]．[2023-03-31]．https：//kjt.ln.gov.cn/kjt/kjgz/cgzh/2023033109162144499/index.shtml.

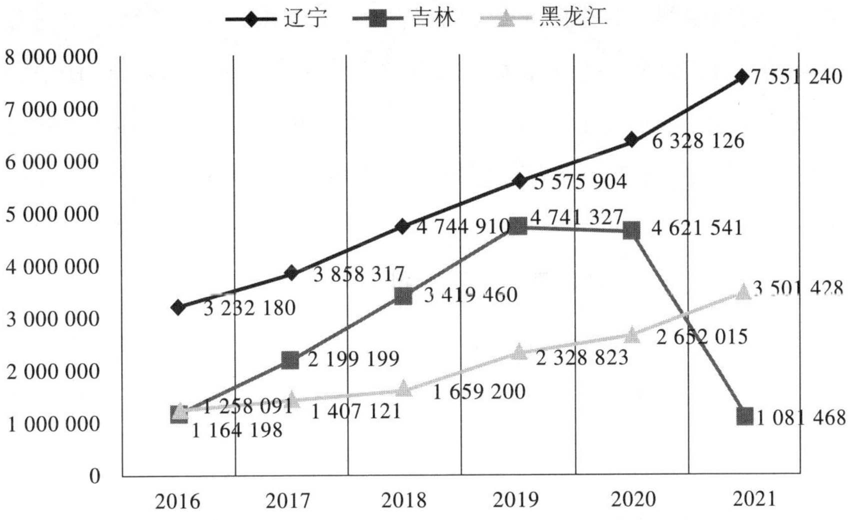

图4-3　2016—2021年东北三省技术市场成交额（万元）

（2）产学研用深度融合

鼓励企业联合高等院校和科研院所共建需求对接、优势互补、利益共享的科技成果转化平台，共同开展技术定制、测试检验、中试熟化、产业化开发等活动，从源头上推动科技创新成果从实验室走向市场。以“三校五所”为重点，举办科技成果转化本地撮合对接会，推动4 000项以上科技成果在辽宁转化，科技成果本地转化率达到53.6%。聚焦中试环节，制定全省中试基地建设方案。2022年，全省建设20家以上省级中试基地，并选取辽宁（盘锦）精细化工中试示范基地进行典型示范，加速推进科技成果的规模化、产业化和市场化。

（3）科技企业孵化器、众创空间实现高质量发展

科技企业孵化器和众创空间是鼓励大众创业万众创新、培育壮大科技型中小企业的重要平台，辽宁全省共有94家科技企业孵化器，其中，国家级32家，2021年全省省级及以上科技企业孵化器在孵企业2 000余家，累计毕业企业4 842家。从东北三省拥有的众创空间数量来看，辽宁共有261家省

级及以上众创空间，其中国家备案61家，同期吉林、黑龙江众创空间总量分别为101家和49家，国家备案的众创空间分别有21家和29家，辽宁、吉林、黑龙江国家备案众创空间数量分别排名全国第11位、第27位和第23位，可见辽宁科技创新创业载体发展具有显著优势，这也为辽宁科技型企业群体壮大提供了有力保障，详见表4-3。

表4-3　　2021年东北三省众创空间情况对比

	众创空间数量（家）	国家备案（个）	当年服务的创业团队数量（个）	当年服务的初创企业数量（个）	举办创新创业活动（场次）	开展创业教育培训（场次）
辽宁	261	61	8 011	7 075	4 659	2 972
吉林	101	21	2 653	1 858	1 281	1 209
黑龙江	49	29	1 475	1 932	726	491

数据来源：《中国火炬统计年鉴》。

4.2.3　企业创新主体地位不断强化

（1）科技企业梯度培育计划扎实推进

先后印发了《关于进一步推进中小企业实现“专精特新”发展工作方案》《辽宁省优质中小企业梯度培育管理实施细则（暂行）》等系列扶持政策和指导意见引领中小企业向阳发展，加快构建“科技型中小企业—高新技术企业—科技领军企业”梯次培育体系。截至2022年末，辽宁全省累计认定国家级专精特新“小巨人”企业287户，国家重点“小巨人”企业59户，国家级“小巨人”企业主导产品填补国内或国际空白的161户，在关键领域实现补短板的企业157户。国家级“小巨人”企业中90%以上是高新技术企业，平均持有有效专利23.9个。全省科技型中小企业21 937户，同比增长39.7%，民营高新技术企业、民营雏鹰企业、民营瞪羚企业、民营潜在独角兽企业同比增速分别达到27.9%、32.6%、45.5%和26.7%[①]。

（2）创新要素持续向企业集聚

坚持企业当“盟主”，首次组织构建由企业做“盟主”的实质性产学研联盟，引导联盟建立市场化的内在合作机制，形成新型科技创新联合体。目前，辽宁省市共结成联盟1 300余个，集聚上下游企业及产学研合作方6 400多家，实施科研项目1 636项，攻克关键技术847项，获得发明专利2 691项[②]。企业在推动科技创新中的主体地位进一步凸显，2021年辽宁R&D经费中企业占比75.47%，比2016年提高6.62个百分点，规模以上工业企业有R&D活动的占比为25%，比2016年（13.4%）提高11.6个百分点，远高于吉林（13.3%）和黑龙江（14.8%），如图4-4、图4-5所示。

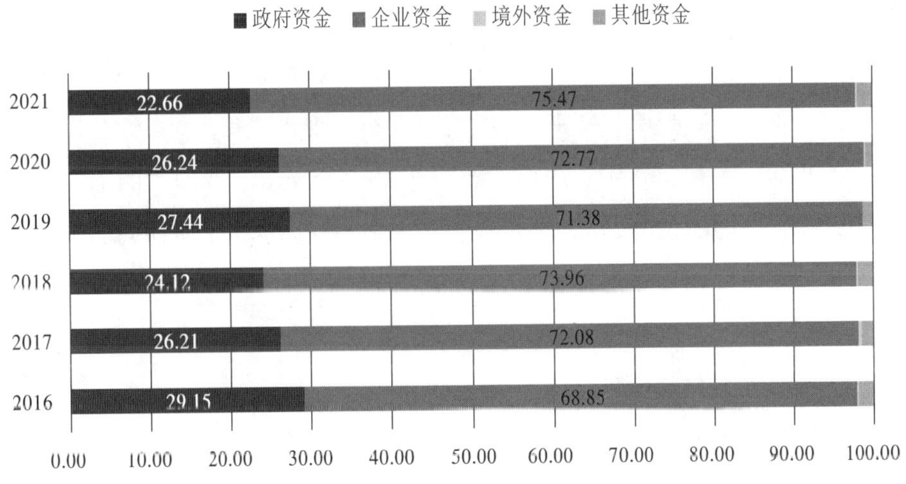

图 4-4　2016—2021 年全省 R&D 经费构成变动情况（单位：%）

① 中国新闻网.辽宁：2023年底市场主体预期数量达500万户左右［EB/OL］.［2023-03-22］.https：//new.qq.com/rain/a/20230322A099LC00.

② 国际在线辽宁频道.辽宁：科技创新赋能 做好“老、原、新”三篇大文章［EB/OL］.［2022-03-02］.https：//new.qq.com/rain/a/20220302A0ASK000.

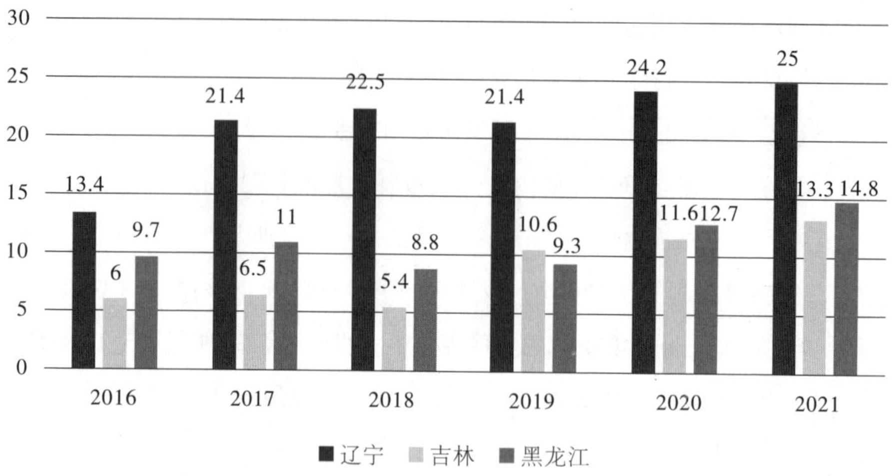

图4-5　2016—2021年东北三省规模以上工业企业有R&D活动企业占比的对比（单位：%）

（3）大中小企业融通创新体系加快建立

以“实质性产学研联盟”“揭榜挂帅”“带土移植”等形式，整合科研力量，由“单打一”的点上突破逐渐向全产业链集群式创新转变。充分发挥沈鼓、沈机床、大船、本钢、中航发燃机等20余个龙头企业盟主的辐射带动作用，集聚联盟成员312个，初步建立起大中小联动、上下游协同的全产业链融通创新体系。

4.2.4　创新生态持续优化

（1）科技体制改革深入推进

率先出台《辽宁省科技创新条例》，在创新生态、鼓励突破、刚性约束、形成合力、责权利界定等方面作出明确规定，为建设高水平创新型省份提供法治保障。改革科技项目组织方式，首次设立“揭榜挂帅”科技攻关专项，通过3.92亿元的财政投入，带动企业落实研发投入21.3亿元。深化重点领域改革，推进职务科技成果所有权赋权试点，率先在全国开展科研诚信和“三评”改革绩效评估工作。

（2）知识产权保护全面加强

出台辽宁首部关于知识产权保护的地方性法规《辽宁省知识产权保护条例》，印发《辽宁省“十四五”知识产权保护和运用规划》《辽宁省“十四五”知识产权人才发展规划》。先后获批中国（辽宁）和中国（大连）知识产权保护中心，沈阳荣获中国营商环境评价知识产权标杆城市，大连获批国家洁净能源产业知识产权运营中心。

（3）高端人才集聚效应增强

通过实施“带土移植”工程，举办首届“揭榜挂帅”科洽会、“带土移植”科技招商推介会等活动，成功引进高层次创新团队161个，创办企业团队57个。依托国家自然科学基金和国家级人才项目，培养国家杰青9人，优青12人，创新人才推进计划个人、团队和基地14个。出台了《辽宁省人工智能等重点领域急需高层次人才培养专项行动计划（2021—2025）》，在人工智能、储能科学与工程、新能源材料与技术等前沿和交叉学科领域自主备案设置交叉二级学科35个，新增博士点6个、硕士点32个。

（4）科技服务业稳步发展

科技服务业列入国民经济行业分类的有4大类，分别是研究和试验发展、专业技术服务业、科技推广和应用服务业、地质勘查业，由于《辽宁统计年鉴》从2018年开始分行业对规模以上服务业企业主要指标进行统计（2018年前统计口径为服务业重点企业），而2018年全省事业单位优化整合，大量地方属科研机构被合并重组，数据变化幅度较大，而且统计年鉴缺少地质勘查业相关数据，因此，对2019—2021年辽宁研究和试验发展、专业技术服务业、科技交流和推广服务业规上服务业企业相关数据进行对比，除个别指标个别年份略有下降外，整体呈现持续向好的态势，研究和试验发展规上服务业企业数和从业人员数2021年分别比2019年增加2户和192人，营业收入是2019年的1.48倍；专业技术服务业规上服务业企业数和从业人员数2021年分别比2019年增加26户和6 426人，营业收入是2019年的1.4倍；科技推广和应用服务业规上服务业企业数和从业人员数2021年分别比2019年增加7户和342人，营业收入是2019年的1.56倍，见表4-4。

表4-4　规模以上科技服务业企业主要指标对比（单位：个、万元、人）

		企业单位数	营业收入	从业人员平均人数
研究和试验发展	2018	357	2 489 908	43 063
	2019	36	158 350	2 568
	2020	39	165 385	2 405
	2021	38	233 766	2 760
专业技术服务业	2018	29	136 445	1 701
	2019	395	3 025 765	47 057
	2020	414	3 320 934	48 955
	2021	421	4 228 795	53 483
科技推广和应用服务业	2018	11	63 418	1 324
	2019	37	191 779	3 208
	2020	38	181 406	3 130
	2021	44	298 525	3 550

数据来源：《辽宁统计年鉴》（2019—2022年）。

4.2.5　产业创新转型步伐加快

（1）关键核心技术攻关取得积极进展

聚焦新材料、精细化工、高端装备制造、半导体芯片制造设备和工业基础软件等领域的产业底蕴和科技优势，开展地方特色种源创制重大专项攻关，相继研发了110兆瓦级重型燃气轮机、全球首艘超大型智能原油船、全钒液流电池储能系统、第四代人机协作工业机器人等一批国际先进、填补国内空白的重大创新成果，完成国家重要科技攻关项目800余项。2019—2021年规模以上科技服务业变化情况如图4-6、图4-7、图4-8所示。

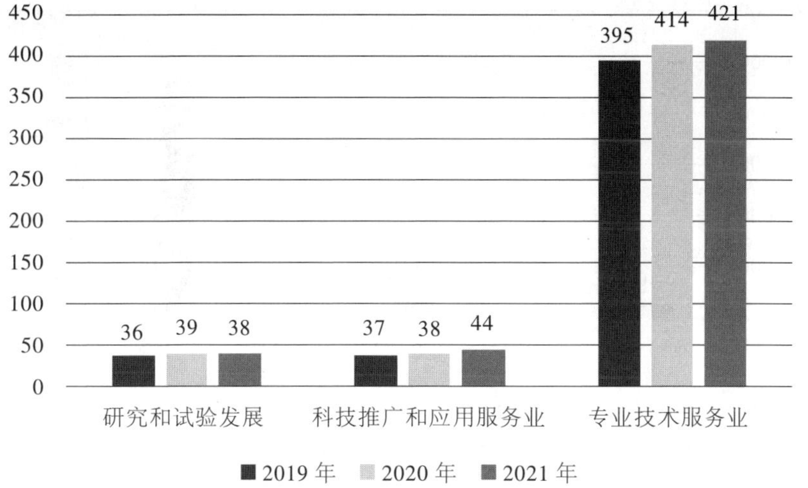

图4-6　2019—2021年辽宁规模以上科技服务业企业数变化情况（单位：个）

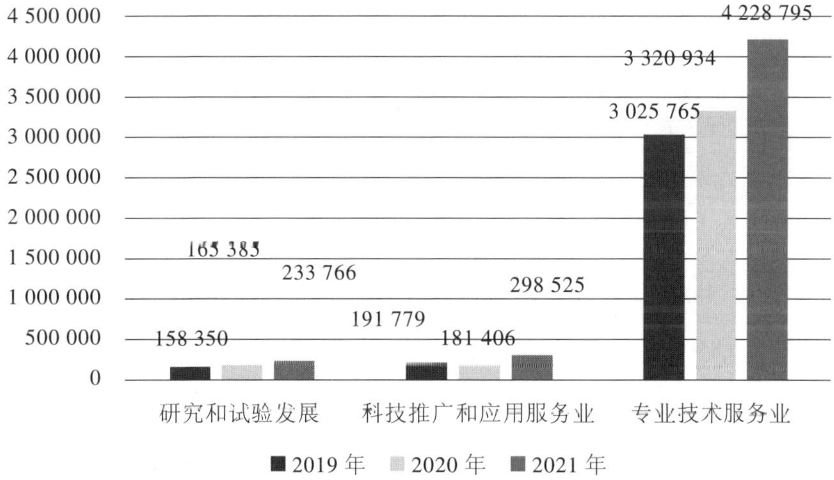

图4-7　2019—2021年辽宁规模以上科技服务业营业收入变化情况（单位：万元）

（2）推动技术标准创新

围绕数字辽宁、智造强省和结构调整“三篇大文章”，将优势技术、方法和产品转化为国家标准，2021年新增国家标准382项（主导49项）。鼓励行业协会和社会团体将原有核心技术指标提档升级，制定高于国际、国家、

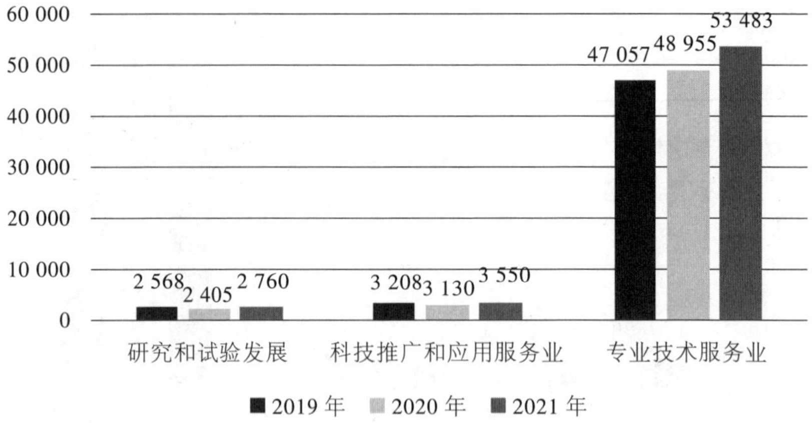

图4-8　2019—2021年辽宁规模以上科技服务业从业人员变化情况（单位：人）

行业和地方标准的团体标准，新增团体标准160项。推进国家技术标准创新基地（机器人）建设，新增机器人核心零部件及产品相关标准23项，组织标准推广应用活动12次，提供测试验证服务20次。

（3）产业数字化和数字产业化发展提档加速

加快人工智能、大数据、物联网、云计算、区块链等新一代信息技术与传统产业深度融合，发挥工业互联网支撑引领作用，促进制造业数字化转型，培育壮大战略性新兴产业、高技术制造业和高技术服务业发展。2022年辽宁全省规模以上高技术制造业增加值同比增长16.6%，高技术产业投资同比增长16.3%，建成数字化车间和智能工厂152个、应用场景1 235个，规模以上工业企业关键工序数控化率、数字化研发设计工具普及率首次高于全国平均水平。沈阳获批建设国家新一代人工智能创新发展试验区，大连信息技术服务和智能制造产业纳入国家战略性新兴产业集群，与北京、上海构成国内集成电路装备产业三大重点地区。

4.3 问题和挑战

《中国区域创新能力评价报告2022》对31个省份的区域创新能力进行综合排名（见表4-5），广东连续6年排名全国第一，北京、江苏分列第2、3位，与上年保持一致；进入前10位的地区还有浙江、上海、山东、安徽、湖南、陕西、湖北，2022年排名上升的地区有14个，海南和青海分别上升7位和6位，转型动能效果明显；排名下降的地区有10个，其中辽宁2022年排名25位，较2021年下降了5位，其原因主要体现在以下几个方面。

表4-5 2021—2022年各地区创新能力排名及变化

地区	2022	2021	排名变化	地区	2022	2021	排名变化
广东	1	1	0	福建	17	13	−4
北京	2	2	0	河北	18	17	−1
江苏	3	3	0	云南	19	21	2
浙江	4	5	1	贵州	20	18	−2
上海	5	4	−1	青海	21	27	6
山东	6	6	0	广西	22	24	2
安徽	7	8	1	山西	23	22	−1
湖南	8	11	3	吉林	24	19	−5
陕西	9	10	1	辽宁	25	20	−5
湖北	10	7	−3	黑龙江	26	26	0
重庆	11	12	1	宁夏	27	28	1
四川	12	9	−3	新疆	28	29	1
河南	13	14	1	甘肃	29	25	−4
天津	14	15	1	内蒙古	30	30	0
江西	15	16	1	西藏	31	31	0
海南	16	23	7				

注：表中排名变化中正数为排名上升，负数为排名下降。

4.3.1 科技创新体制机制不完善

科技研发和成果转化机制不健全。科技研发投入机制亟须完善，遵循市场需求的科技政策亟须落实落地，科研成果转化为现实生产力的有效机制尚未形成，很多成果源自政府科技项目，企业在科技立项中话语权较小，企业在科技创新成果转化中的市场主体作用未充分发挥出来，在形成的科技成果中反映的情况与市场需求匹配度小，难以满足企业科技创新要求，也就难以实现本地企业产业化。

科技创新合作机制不健全。科研经费管理改革须进一步深化，科研工作者和科学家们的经费支配权受到体制机制束缚太大，经费领取困难，给科研工作带来直接影响，从而影响项目的效果。

建设区域科技创新中心的顶层设计还不完善。区域性科技创新中心的建立是一项跨区域、跨部门的系统工作，需要多省、多部门、多主体、多资源的协同合作。截至目前，辽宁并未出台具有前瞻性的建设具有全国影响力的区域科技创新中心的顶层设计，企业、高校、科研院所创新主体在创新链不同环节的功能定位不准确，政府科技管理部门的职能不清晰，各类主体创新激情和活力未得到充分释放，未建立系统完善的保障创新中心建立和运行的体制机制。科技服务业发展不充分，专业的科技服务机构、人才队伍还不能满足辽宁创新发展的需求。专业化的科技服务体系尚不完善，特别是当前科技金融作为促进科技发展的要素，全省科技金融发展还不充分，制定出台支持科技金融发展的措施较少。全省尊重创新、鼓励创新的氛围还不够浓厚，公民科学素养和创新意识还不强。

协同创新能力不足。辽宁应该成为建设区域科技创新中心东北地区科技创新合作的主导者，并通过专业化分工与吉林、黑龙江等城市形成协同发展格局。但从东北地区看，东北三省内部科技资源分布相对均衡，三省都有争做区域科技创新中心的战略布局和发展基础，辽宁科技创新能力与竞争力与吉林和黑龙江相比，优势并不十分突出，区域协同创新的引领能力有待进一步加强。东北地区协同创新格局尚未形成，辽宁在建设区域创新中心的规划、开发、建设和管理等方面都需要积极争取国家的支持，明确三省一区的功能定位，才能做好区域内的相互配合，形成创新协同合力。

4.3.2 科技创新基础和投入不足

缺少国家级重点实验室和大科学装置。建设具有全国影响力的区域科技创新中心的一项重要指标是具备研究型大学、国家级重点实验室、大科学装置等。截至2020年6月，我国共布局建设了57个重大科技基础设施，立项批复总投资近600亿元，已建成30个，包括上海光源、强磁场、散裂中子源、中国“天眼”、硬X射线自由电子激光装置、高能同步辐射光源等一批综合性设施处于国际先进水平。我国正在运行的国家重点实验室500余家。截至目前，辽宁并没有建成新的大科学装置，正努力争取国家级创新平台落户辽宁，大连第四代“先进光源”纳入国家“十四五”储备项目。全力争取国家对辽宁创新平台支持，推荐沈阳仪表院等5家公司申请国家级企业技术中心。缺少国家级重点实验室、大科学装置等，对辽宁建设具有全国影响力的区域科技创新中心十分不利。

科技创新人员投入不足。“十三五”至“十四五”开局之年共6年时间，全省R&D人员折合全时工作量投入年均增速5.3%，低于全国同期年均增速2.0个百分点，R&D人员全时当量占全国的比重也从2010年的3.3%，下降到了2021年的2.0%。图4-9显示的是2015—2021年辽宁全省R&D人员全时当量增速的全国排位。2021年辽宁省R&D人员投入11.7万人年，数量居全国第17位，2015以来连续6年位居全国第16位，同时，2021年同2010年相比下滑了8个位次（见表4-6），从侧面反映出辽宁在研发能力和自主创新能力方面的不足和在国内地位的不断下降。

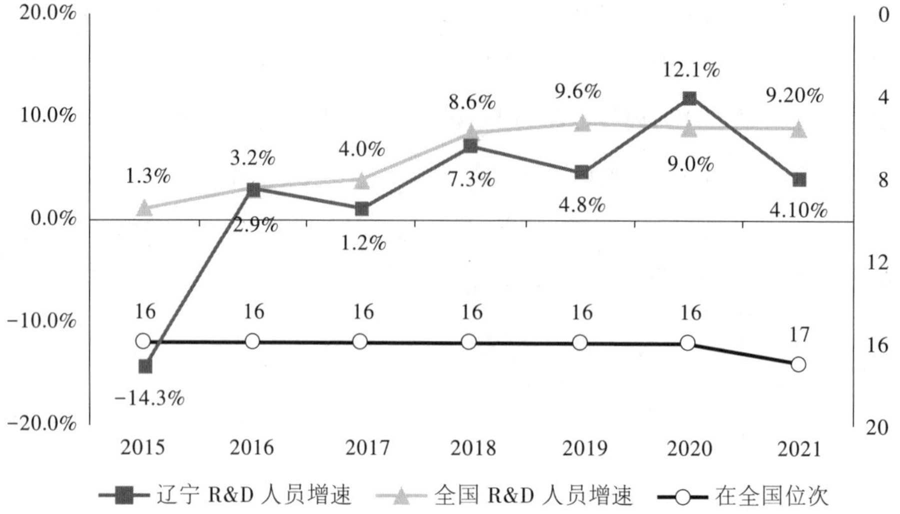

图 4-9　辽宁全省 R&D 人员全时当量增速及全国排位情况（2015—2021 年）

表4-6　　**辽宁省R&D人员投入在全国位次（2010、2015—2021年）**

单位：人/年

	2010	2015	2016	2017	2018	2019	2020	2021
R&D人员折合全时当量	84 654	85 366	87 839	88 858	95 317	99 880	111 931	116 505
在全国位次	9	16	16	16	16	16	16	17

研发经费投入强度与发达省市相比仍有差距。研发投入的快速增长是支撑辽宁科技进步的一个重要因素，进而成为影响产业结构优化升级的重要方面。2021 年辽宁 R&D 经费 600 亿元，比上年增长 9%。2016—2021 年辽宁 R&D 经费总量逐年增加，R&D 经费占地区生产总值比重也逐年提升。但与发达省市相比，辽宁 R&D 经费在全国排名靠后，2019 和 2020 年均排名全国第 15 位。2020 年 R&D 经费投入强度为 2.19%（全国平均水平为 2.4%）。从 2016 到 2021 年辽宁 R&D 经费情况数据来看，特别是近几年，R&D 经费投入

强度均在2%以上（如图4-10所示），足见辽宁对科技创新的重视，科技进步对经济增长的作用日益增大。但是与部分发达省市仍存在较大差距，在全国排位第11位，2020年与排位第1的北京相差4.25个百分点。

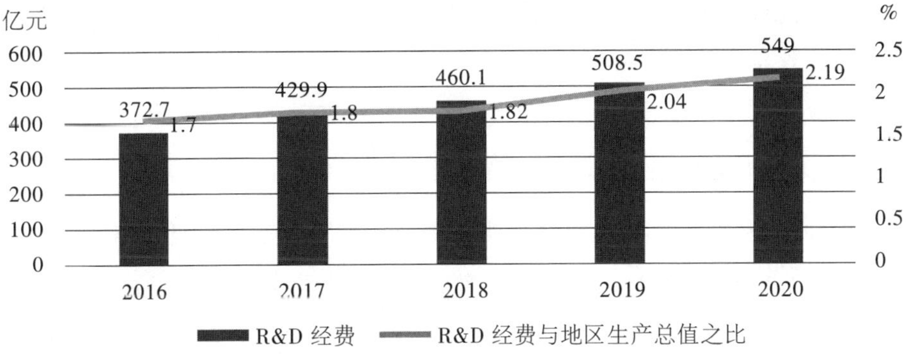

图4-10　辽宁R&D经费及投入强度情况（2016—2020年）

数据来源：《辽宁统计年鉴2021》。

4.3.3　企业创新主体地位不突出

党的二十大报告指出："加强企业主导的产学研深度融合，强化目标导向，提高科技成果转化和产业化水平。"强化企业科技创新主体地位、全面提升企业创新能力是加快形成新发展格局的重要举措。2014年以来，随着辽宁经济形势不佳、增长乏力的持续，企业经营越发困难，规模以上工业企业数量迅速减少。近4年逐渐企稳，以年均4.4%的增速略有回升，但2021年全省规模以上工业企业数量8 499家与2015年相比仍有较大差距。2021年规上企业中有R&D活动的企业2 123家，排名全国第15位，占全部规上企业的25.0%；有研发机构的企业498家，排名全国第19位，仅占全部规上企业的5.9%。2015年以来，R&D人员全时当量总体呈增长态势，但年均增速仅为4.1%。R&D人员中研究人员为22 539人，排名全国第15位，占R&D人员的比例35.7%，较2020年减少了19.2个百分点。与发达地区相比，辽宁科技创新主体思想观念落后、创新氛围不浓、创新意识不强的问题比较突出。抓创新就是抓发展、谋创新就是谋未来的思想观念还没有真正确立起来。有些地区对创新发展的理念认识不清、重视不够、推进不力，不考虑项目和投资是否对促进传统产业转型升级和发展战略性新兴产业有作用，对“高”且“新”的高新技术企业和创新型中小微企业关注不够。

4.3.4 科技创新产出不足

发明专利拥有量和授权量规模仍然较小。发明专利授权数偏低，2021年，全国申请专利数量为5 060 312件，专利授权数量为4 467 165件，辽宁分别占比为1.7%和1.8%，分别高于吉林和黑龙江之和，但与怀柔、张江、合肥和粤港澳大湾区综合性试验中心差距巨大（如图4-11所示）。

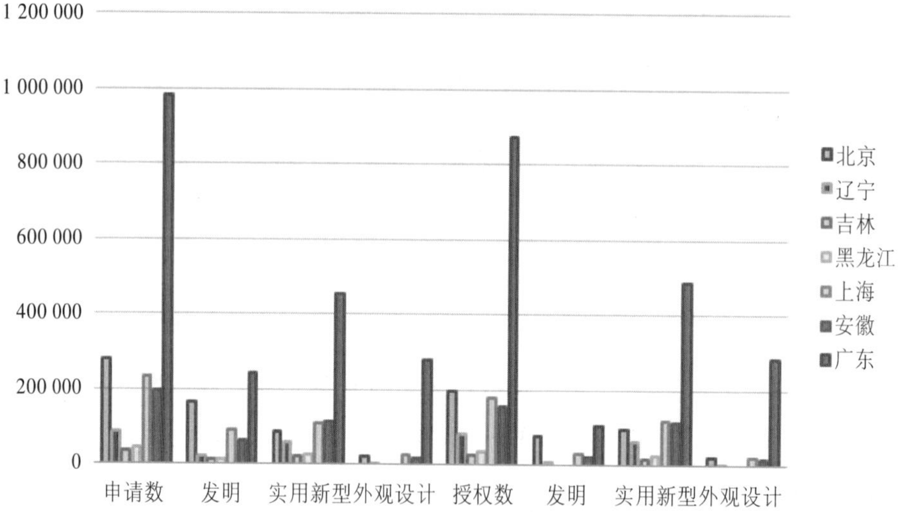

图4-11 部分地区三种专利申请数和授权数（2021年）（单位：件）

技术市场交易额偏低。技术市场成交额反映了一个地区科技成果的转化能力，也是体现该地区科技进步水平的重要标志性指标。2016年以来，辽宁技术市场成交额呈平稳上升趋势，2021年，辽宁输出技术交易金额为446.54

亿元。同全国其他发达省市相比，差距较大，特别是同北京比，交易额仅仅约是北京的1/10；比广东省的广州市还要少961.59亿元；吸纳技术交易额为355.62亿元，比广东省的广州市少577.08亿元（见表4-7）。这一组数据反映出辽宁技术要素市场流动性、活跃度不强，创新资源配置效率有待提升。

表4-7　　部分区域技术交易情况（2021年，单位：个，亿元）

地区	输出技术			吸纳技术		
	项数	成交额	技术交易额	项数	成交额	技术交易额
合计	670 506	37 294.3	24 911.12	670 506	37 294.3	24 911.12
北京	93 563	7 005.65	5 347.82	71 405	3 439.06	2 706.37
辽宁	18 526	755.12	446.54	16 264	510.99	355.62
大连	8 254	323.88	144.47	6 532	142.94	104.99
沈阳	7 886	336.19	236.73	5 895	161.78	120.41
吉林	3 777	108.15	70.48	5 218	218.35	135.18
长春	3 260	99.01	64	3 695	170.14	97.27
黑龙江	6 958	350.14	150.2	7 879	242.94	135.31
哈尔滨	4 140	263.12	102.87	4 025	121.22	66.1
上海	36 450	2 545.49	2 259.49	37 962	1 422.15	1 145.22
安徽	23 729	1 787.71	1 026.23	25 690	1 881.61	1 081.73
广东	48 857	4 099.61	3 106.97	71 428	5 490.56	4 209.78
深圳	15 364	1 633.23	1 591.97	28 668	2 488.63	2 325.91
广州	24 977	2 338.1	1 408.13	19 490	1 446.87	932.7

数据来源：科技部火炬中心。

4.3.5　科技创新成果转化能力不强

产学研合作活跃度不高。习近平总书记指出，要发挥高校在科研中的重要作用，调动各类科研院所的积极性，发挥人才济济、组织有序的优势，形成战略力量。高校和科研院所是创新资源集聚地，是科技成果的重要产出地，要充分激发高校和科研院所的科技成果转化动力，赋能经济社会高质量发展。目前，辽宁全省有高等院校114所、中国科学院驻辽科研院所6个、各类国家级创新平台34个，但科研人员围绕经济社会发展开展科研活动的活力不足，科研成果外流严重，省内转化不足，产学研合作的活跃度不高，层次也较低。

一是产学研合作动力普遍不足，规模以上企业尚未成为产学研协同创新的投入主体和需求主体，除一些大型国有企业外，其他规模以上企业的研发投入较低，难以起到以科技创新支撑企业可持续发展的作用。从高校资金来源构成来看，高校R&D经费来源包括政府资金、企业资金、国外资金和其他资金，其中企业资金占比能够反映出区域内产学研情况。科技成果转移转化情况。因为企业和高校通过产业合作，双方能够发挥各自优势，共享各自无法获得的资源，促进科技成果实现转移转化、科技创新转变为现实生产力。2021年，东北地区高校R&D经费企业资金远远落后于其他三个区域，比排名第三的西部地区少了404 604万元。辽宁高校R&D企业资金高过了吉林、黑龙江和安徽，但仍比北京、上海和广东分别少了499 505万元、230 638万元和208 765万元。

二是产学研合作的技术含量较低，主要停留在技术转让、合作开发和委托开发的层次上，产学研合作创新模式主要以常规技术咨询和合同委托开发为主，范围较为狭窄，普遍是短期行为。

三是辽宁技术储备结构性不足，尽管科教资源丰富，每年技术合同交易也比较活跃，但技术储备与辽宁产业发展对技术的需求不相符。

科技企业孵化器是国家创新体系的重要组成部分，地区科技企业孵化器数量对区域科技发展至关重要。2021年，辽宁孵化器数量仅有94个，占全国的1.5%，比黑龙江少106个，比广东少984个（见表4-8）。高技术产业是指研发投入大、产品附加值高、国际前景良好的技术密集型产业，具备智力性、创新性、战略性和资源消耗少等特点。高技术企业是经过国家相关部门认定的企业，地区高技术企业数量多少是该地区是否高质量发展的特征之一。根据统计，辽宁高技术企业数量与北上广安具有较大差距。辽宁高技术产业营业收入远低于北上广安，高技术产品出口额也远低于北上广安（如图4-12所示）。

表4-8　　**部分地区科技孵化器等情况（2021年）**

地区	在统孵化器数量（个）	孵化器内企业总数（个）	在孵企业（个）	在孵企业从业人员（人）	当年获得风险投资额（千元）	营业收入（亿元）	利润总额（亿元）	新产品开发项目数（项）	新产品开发经费支出（万元）	新产品销售收入（万元）	出口（万元）
全国	6 227	322 250	243 635	3 096 270	47 5561 968	209 896	18 435	224 577	75 100 172	817 425 738	292 251 793
北京	270	21 518	12 388	195 870	128 350 008	10 311	2 592	7 887	3 959 513	53 881 022	19 769 042
辽宁	94	5 168	4 432	57 314	2 491 312	2 245	383	3 099	791 865	5 674 331	444 598
吉林	95	4 358	3 712	53 181	1 043 314	818	200	1 387	295 714	1 629 767	341 804
黑龙江	200	8 012	6 697	49 365	2 030 963	610	48	1 529	261 540	2 632 020	55 784
上海	185	11 959	7 953	74 685	52 602 197	8 411	546	6 001	3 656 095	18 108 435	7 372 605
安徽	216	8 525	7 289	77 574	7 210 993						
福建	137	4 995	4 159	52 504	12 271 151	6 191	430	7 505	2 340 261	31 805 655	10 783 712
广东	1 078	51 193	34 375	420 846	70 306 375	53 915	4 124	64 015	25 693 973	245 918 070	94 371 173

数据来源：《中国科技统计年鉴2022》。

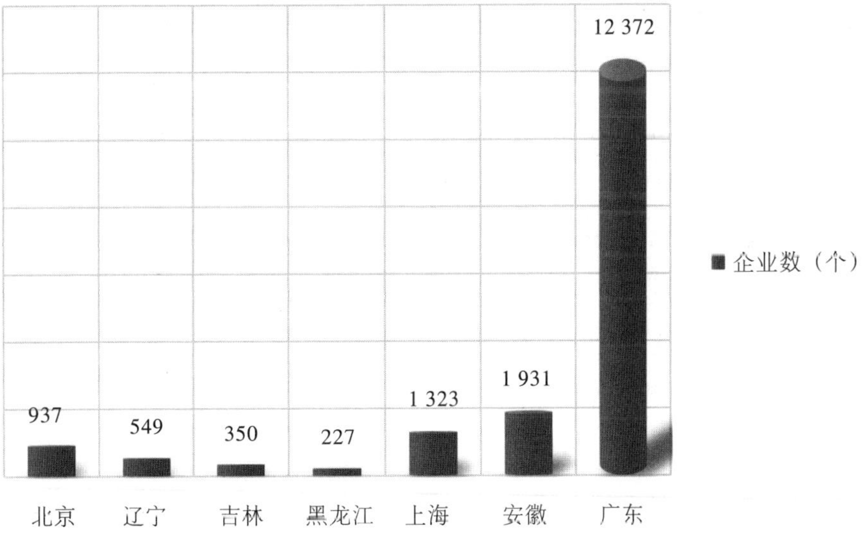

图4-12　高技术企业数（2021年）

数据来源：《中国科技统计年鉴2022》。

4.3.6 科技助力产业转型升级能力不足

制造业“卡脖子”问题比较突出。虽然通过“揭榜挂帅”机制等途径来解决制造业“卡脖子”问题，但一些高新技术和高端装备仍供给不足，目前辽宁工业母机“卡脖子”技术仍然受制于人，特别是高精度数控系统及伺服单元、高精度双摆角铣头、大功率电主轴、高速电主轴等核心功能部件90%以上依赖进口，高端数控机床占比不足10%。国产高端装备与国外产品存在一定的差距，导致自主研制的高端装备用户验证不佳，无法获得大量客户反馈样本，特别是在航空航天、国防军工领域的推广应用受到了制约，致使辽宁产品迭代升级和新产品研发步伐缓慢。

产业链和创新链融合程度不够。辽宁制造业创新能力不强，关键还是由于科技创新体制机制不健全，科技与产业“两张皮”问题尚未有效解决，科研机构与省内企业产学研结合松散，科教资源的“百花园”没有转化成产业发展的“百果园”。例如，中国科学院化物所专利拥有量在全国领先，科技成果省内转化率不足30%，沈阳自动化所等重点院所的科技成果本地转化率只有10%左右。资源优势没有充分转化为产业优势，铁矿和菱镁矿储量均位居国内前列，但资源开发不足，应有价值没有得到充分体现。

数字化智能化转型缓慢。数字化智能化改造升级步伐缓慢，大部分中小企业仍采用传统的研发设计、生产制造模式，数字化、智能化设备普及率不高，全省制造业数字化研发设计工具普及率为66.2%，低于全国70.8%的平均水平；生产设备数字化率为43%，低于全国5.5个百分点，与东部沿海发达省市差距更大。数字化融合不够，5G、工业互联网、人工智能、区块链、大数据等新技术应用不广泛，AR、VR、物联网、新型传感器等智能化产品缺乏，信息系统集成、物联网技术、互联网平台等新兴行业企业较少，见表4-9。

表4-9　　辽宁重点产业链“卡脖子”情况

产业链名称	重点企业（户）	核心技术攻关（个）	核心零部件断点（个）
汽车产业链	53	10	13
输变电装备产业链	27	9	6
燃气轮机产业链	33	8	18
压缩机产业链	30	11	7
船舶与海洋工程装备产业链	18	5	10
芳烃产业链	15	0	0
烯烃产业链	20	0	0
精细化工产业链	33	12	0
高品质钢铁材料产业链	8	18	0
先进有色金属材料产业链	6	12	2
菱镁产业链	20	8	0
机器人产业链	9	7	7
数控机床产业链	9	7	4
先进医疗装备产业链	17	8	10
民用航空产业链	16	6	8
氢能产业链	12	4	8
生物医药产业链	22	30	0
集成电路产业链	37	14	35

新动能支撑体系尚未根本形成。一是新兴产业规模偏小。全省高技术制造业增加值仅占规上工业增加值6.2%；高端装备制造业营业收入仅占装备制造业的20%；医药工业营业收入仅占全国的2.4%；电子信息制造业营业收入仅占全国0.6%。二是产业投资力度不强，发展后劲不足。全省工业固

定资产投资增长乏力，其中信息产业、生物医药、装备制造方面投资占比不到20%，导致工业机器人、新能源汽车等在国内起步较早的产业位次逐渐后移。燃料电池、石墨烯等产品产业化步伐缓慢，轮毂电机、MEMS等重点项目进展迟缓。

4.3.7 人才资源基础相对薄弱

人才是第一资源，科技创新离不开知识型、技能型、创新型人才的参与，人才队伍的壮大，有利于产业转型升级的加速。辽宁人才资源无论从其数量、质量、结构方面，还是人才开发、使用机制方面，都存在诸多与产业结构优化不相适应的方面，而与产业结构调整不相适应的人才资源，直接阻碍科技引领产业结构优化。

人才大省结构性问题。依据第七次全国人口普查数据，全国人口总数为144 349.7万人，辽宁人口数为4 259.1万人，人口数居全国第14位。全国具有大学文化程度的人口为21 836万人，而辽宁每10万人中拥有大学（大专及以上）文化程度的人数为18 216人，全国15岁及以上人口平均受教育年限为9.91年，其中辽宁15岁以上人口平均受教育年限为10.34年。从这两项人口受教育程度指标数据来看，辽宁分别列全国第六位、第七位，充分体现了辽宁是人才大省，人才储备丰富。但人才整体素质不高，特别是缺乏现代经营管理人才，直接影响企业经营管理水平和企业生产效率，从而影响企业的现代产业发展。在人才结构方面，辽宁长期以来的传统产业发展优势，导致传统学科和专业方面的人才过剩，缺乏高新技术产业等人才。即使具备高技术人才资本，但人才本身所处发展环境阻碍了人才成长步伐。辽宁已经逐步完善人才市场体系，但与市场经济发展的要求还有很大距离。有研究表明，自然科学家发明创造的最佳年龄是25到45岁，而这一阶段的青年科技人才往往担纲机会少、成长通道窄、生活压力大。把精力过多投入到职称评审、项目申报竞争上，在薪酬待遇、住房、子女入学等方面还存在不少实际困难。这也是辽宁目前青年人才发展存在的问题，还未形成在全社会重视青年人才的良好氛围。

人才培养和引进问题。辽宁近年来重视人才的培育和引进，高校是培养人才的摇篮，然而目前辽宁高校创新型学科建设滞后，高校数量众多，但创新型人才队伍建设任重道远。辽宁拥有普通高等学校114所，其中只有4所“双一流”高校（“双一流”指的是世界一流大学和一流学科）。虽然《辽宁省“十四五”教育发展规划》中提出，今后要支持11所高校建设“双一流”高校，总体来看，高等教育实力仍有待提升。辽宁出台了人才引育方面的政策支持，收到了一定的效果，然而，在政策实施过程中存在力度不强、进展缓慢等问题，从而影响了人才特别是新型科技人才的引进。新型科技人才是新一轮科技革命背景下知识-能力结构深度改变了的各类科技人才的统称，涵盖了新一轮科技革命的所有关键性、基础性领域，主要表现为大数据人才、云计算人才、物联网人才、人工智能人才、区块链人才等。从新型科技人才的内涵来看，与传统科技人才有所差别。特别是新型科技人才的知识结构与能力结构高度复合，具备动态的内在特质，存在更高的职业风险和更为强烈的成就动机。辽宁本土人才缺乏创新意识，就业意愿更倾向于事业单位、政府机关等稳定性就业，而辽宁省在人才优惠政策制定实施过程中，也体现了提供更为适合传统科技人才的职业结构，人才激励机制问题没有得到有效解决，分配形式仍然比较单一，未能真正建立起按劳分配和按技术、经营管理等生产要素分配相结合的多元化的价值分配体系，这也是阻碍新型科技人才在辽宁聚集的重要因素。此外，科教资源优势有待优化，高校、院所资源相互融合、协同创新的通道没有完全打通。

人才流失问题。伴随辽宁青壮劳动力减少和流失，人才的减少和流失问题比较严重。辽宁目前新兴产业和新经济发展不足，传统产业占优，就业以传统产业工人为主，发展环境对新型科技人才的吸引力不强，而北京、广东、上海、江苏等地区更能吸引高端人才集聚，这离不开政府的重视和人才环境的塑造。如江苏省提出大力培育集聚战略科学家的策略，围绕国家和省重大战略需求，实施战略科学家领航行动，发现和培养具有战略科学家潜质的高层次复合型人才，形成战略科学家成长梯队。诚然，辽宁人口减少有自然环境、地理因素的影响，同时也有人口生育水平和经济社会发展等多方面的因素影响。辽宁地处高纬度地区，一些向往南方温暖环境的人口自然向南方流动，欧美国家也存在这种全球性人口迁移流动的趋势性特征。当前，辽宁仍处于振兴发展的重要战略机遇期、关键窗口期和结构调整的攻坚期，经济下行，就业机会减少，而沿海一些经济发达省市多样化的发展机会和就业前景，对其他地区包括辽宁地区的人口特别是青壮年人口有较大的吸引力，这也是导致辽宁人才流出的重要因素。

人口老龄化叠加低出生率问题。辽宁已经进入深度老龄化，辽宁65岁以上人口占比高达17.42%，东北三省居首。近年来，辽宁人口总数持续下降，辽宁人口自然增长率长期低于全国平均水平，2021年辽宁人口自然增长率为-4.18‰。由于辽宁人口结构和历史惯性因素导致生育率低，辽宁出台鼓励生育的政策，但收效甚微。辽宁国企数量规模较大，很多就业人员就业结构单一，在国企、行政事业单位就业人员较多，计划生育执行得比较严格，独生子女占比较大。而这批独生子女作为生育率主体情况下，受生育观念、生育行为等因素影响，相应的生育率自然降低。老龄人口增多和出生人口减少加剧了老龄化问题。人口是第一生产力，老龄化问题加剧，生育率降低，劳动力规模持续萎缩，辽宁人才特别是科技人才优势不强，人的因素直接影响了科技引领产业结构调整步伐。

4.3.8 金融服务支撑不足

科学研究和技术创新是产业结构调整的必然途径，金融资本向来是经济发展的核心要素，金融行业的发展和完善主要通过为科技创新的产生与应用提供资金支持，提升科学技术创新的能力，从而更快推动产业转型升级。金融创新为科技创新提供战略支持，金融创新和科技创新之间存在内在联系，两者间的良性互动构成产业结构升级的内在动力。辽宁经济发展进入新常态，创新驱动型增长模式下，科技进步更多需要自主创新而不是大量模仿引进，产业结构优化升级的要求对金融服务的需求越来越大。学者王文倩、张羽（2022）认为，并不存在一个普适性的最优金融结构，金融结构的调整要依据本国经济所处的发展阶段、技术进步及产业结构升级的需求，只有金融结构与产业结构升级的需求相适应匹配时，才能满足各部门的融资需求，资源配置才会得以优化，从而推动经济增长。辽宁的情况亦如此，与南方发达省份企业相比，辽宁科技企业融资渠道窄、融资贵的瓶颈仍然紧绷，金融创新服务并未找到与产业结构升级相匹配的模式，进而成为阻碍企业自主创新步伐的重要因素。

面对纷繁复杂的经济形势，金融服务辽宁企业取得了突出成绩，辽宁金融业健康平稳发展。全国性银行贯彻执行稳健货币政策，为辽宁企业纾困解难。截至目前，仅全国性银行在辽宁新增贷款达746.3亿元，同比增加184.2亿元，贷款增速5.91%，为5年来新高；全国性银行新增贷款占比66.9%，较上年大幅提升36.7个百分点，起到了全省信贷稳盘压舱作用。人民银行沈阳分行高度重视金融生态建设，力促金融创新。通过推出特色金融产品，进一步降低了企业信贷风险，同时，辽宁全省银行金融机构对5 331家企业切实加强金融服务，对其357.6亿元贷款本息进行了延期处理，撬动了普惠小微贷款增加138.22亿元，实现了辽宁省普惠小微贷款“量增、面扩、价降”的目标。

虽然辽宁金融服务实体经济作出了很大努力，但辽宁数字金融体系还不健全，科技产业融资渠道狭窄，辽宁数字金融与科技产业合作基础薄弱。辽宁企业特别是中小创新型和高科技型企业，在生产经营过程中缺乏金融支持，直接影响其技术创新的开展和扩大再生产，也就影响中小创新型和高科技型企业实现规模经济。辽宁金融业总规模与发达省份还存在相当大的差距，金融服务业结构单一，金融创新不足，金融服务民营企业特别是中小企业存在政策支撑体系不完善、金融资源配置问题等，金融生态环境整体仍然比较落后，严重影响科技创新步伐，从而阻碍产业结构调整进度。从金融机构各项存贷款余额情况来看，辽宁与江苏、上海等发达地区差距较大。

表4-10　**辽宁与江苏、上海、广东金融机构各项存贷款余额比较（本外币）（2017—2020年）**

单位：亿元

年份	辽宁		江苏		上海		广东	
	存款余额	贷款余额	存款余额	贷款余额	存款余额	贷款余额	存款余额	贷款余额
2017	54 249	41 279	134 776	104 007	112 462	67 182	194 536	126 032
2018	59 016	44 985	144 227	117 808	121 112	73 272	208 051	145 169
2019	62 697	49 583	157 140	135 140	132 820	79 843	232 459	167 995
2020	67 988	52 209	17 978	156 577	155 865	84 643	267 638	195 681

数据来源：《辽宁统计年鉴2021》《江苏统计年鉴2021》《上海统计年鉴2020》《上海统计年鉴2021》《广东统计年鉴2021》。

市场主体融资难度较大，特别是中小微企业、个体工商户和农户融资问题比较严重。市场主体是稳就业保民生的关键，特别是中小微企业和个体工商户，融资困难，导致市场辽宁省市场主体韧性不强、活力不足。2021年，辽宁省市场监管局出台了助力市场主体纾困解难十条举措，旨在服务企业，解决企业融资难融资贵的问题，取得了一定成效。但仍然存在银企信息不对称，银企对接推介机制不健全，市场秩序环境有待改善，诸多企业仍然面临融资难等问题。农户融资能力弱，有效贷款抵押的落实比较难，受政策约束，融资渠道比较少，融资方式比较简单，融资难度较大。农民向银行等金融机构申请贷款难度不小，也有少数农户通过参与政府组织的活动获得金融服务。

金融资源配置问题也普遍存在。近年来，辽宁省委、省政府着力加强“数字辽宁、智造强省”建设，聚焦结构调整“三篇大文章”，坚持创新财政科技投入方式，但是通过金融支持科技创新的力度仍然不够，金融服务科技产业能力弱，推动产业结构调整的潜能没有充分激发出来。省内各区域之间、城乡和大中小企业间的金融资源配置不均衡问题比较明显。辽宁各城市金融机构（含外资）本外币存贷款余额差距明显，沈阳和大连相对来说金融规模较大。各城市间的金融机构数量也存在较大差异，金融支农服务和对中小企业信贷服务不到位。总的来说，辽宁适应科技创新需求的金融产品还没有丰富起来，金融服务供给能力比较弱，社会融资规模较小。亟须建立健全以服务实体经济为导向的现代金融体系，积极探索创新金融产品供给，并在真正业务服务中注重服务实效，实现金融机构的专业化服务与个性化创新有机结合，有效推动科技创新，服务产业结构调整。

第5章
国内外典型经验及对辽宁的启示

习近平总书记强调，科技创新是提高社会生产力和综合国力的战略支撑，必须摆在国家发展全局的核心位置。科技革命成为引领经济发展的重中之重，美国、德国、日本和韩国等发达国家科技创新引领产业结构调整的成功经验以及国内部分发达省份科技驱动产业转型发展的成功经验，都为辽宁建设具有全国影响力的区域创新中心指明方向。全球科技创新和产业发展呈现出全球化、多极化、数字化、新工业化等发展态势，正在重构全球创新版图、重塑全球经济结构、改变国家力量对比、奠定新的全球竞争格局。创建国际性（区域性）科技创新中心成为许多国家谋求竞争优势的核心战略。美国、德国、法国、英国、日本等建立了国际一流的科技创新中心，国内的北京、上海、安徽、广东等建立了综合性国家科学中心，这些中心的成功经验对辽宁建设区域性科技创新中心具有借鉴意义。

5.1 科技创新引领经济发展的国内外实践

全球科技创新和产业发展呈现出全球化、多极化、数字化、新工业化等发展态势，正在重构全球创新版图、重塑全球经济结构、改变国家力量对比、奠定新的全球竞争格局。科技创新成为许多国家谋求竞争优势的核心战略。

5.1.1 国际上科技引领的几次工业革命

工业革命由技术革命带动且与技术革命相伴而生，历史上共经历三次工业革命。第一次工业革命发生在18世纪，以蒸汽机的发明和应用为标志，第一次工业革命产业的背景是西方的科技水平得到了良好的发展，尤其是牛顿的经典力学体系，为工业革命奠定了理论基础，使得工业生产技术提升成为可能。瓦特依托纺纱产业改良了原有的蒸汽机，大大提升了机器效率，整体推动了各行各业的发展。第二次产业革命发生在19世纪，以电的发明和应用为标志。1866年，德国人西门子制成了发电机，到70年代，实际可用的发电机问世。电器开始代替机器，成为补充和取代以蒸汽机为动力的新能源。随后，电灯、电车、电影放映机相继问世，人类进入了“电气时代”，进入八九十年代，内燃汽车、远洋轮船、飞机等也得到了迅速发展。内燃机的发明，推动了石油开采业、电信业等产业的发展。第三次产业革命发生在20世纪，以计算机的发明和应用为标志。新材料技术、新能源技术、工业机器人技术、人工智能技术、互联网技术以及以3D打印为代表的快速成型技术等技术群为依托，使之综合应用于制造业，实现制造业数字化，从而引起社会生产和生活方式转型。三次产业革命都是以市场经济为基础、企业为主体、科学发展和技术应用为动力的。人类第四次工业革命正悄然而至，将会以石墨烯、基因、虚拟现实、量子信息技术、可控核聚变、清洁能源以及生物技术为技术突破口的工业革命，必将引领新一轮产业结构加速转变和升级。

5.1.2 美、德、日、韩等发达国家科技创新引领产业结构调整的典型经验

（1）美国经验

工业化初期注重先进技术引进吸收。在第一次工业革命影响下，美国加强技术引进并进行创新，创造性地提出“可互换零部件”和“持续制造过程”的理念，使得工业的标准化和流水线生产得以实现。19世纪50年代初，美国投资银行家登上历史舞台，通过资本在产业间高效配置，有效促进了产业发展。教育改革培养大量工程技术人才、城市扩张吸引大量人口等，都为工业跨越式发展储备了人力资源条件。1810—1860年，美国制造业产值从约2亿美元增至近20亿美元，增长约10倍，在世界工业中的比重达到17%，仅次于英国。

工业化前期到后期过渡阶段高度重视创新驱动和知识产权的保护。在技术创新实力不断增强的情况下，美国强化对发明专利的立法保护，实现技术从引进吸收向自主创新的转变。同时，大型投资机构的出现使得大量金融资本投向铁路建设、采矿冶炼以及制造业发展等领域，有效解决了实体经济发展的资金需求。1862年，《莫里尔法案》使得州立大学数量快速增长，培养出的大批研究生，为美国成为世界电力技术革命领导者奠定了科技人才基础。这期间美国工业增加值占全球比重超过30%，远高于同期其他任何一个国家。

以建立高层次人才体系为重点建立科技创新体系，推动产业转型升级。美国在逐步完成工业化进程并开始向产业技术高端化迈进。特别在一些关键

领域产生了从军事应用到民事应用的技术“溢出效应”，取得了大量的技术创新重大突破。同期，形成了以高度发达的资本市场为主、以灵活的银行信贷为辅的金融支持体系。资本市场为企业融资提供便利，风险投资为技术创新提供资金，中小企业管理局提供贷款担保，再加上一系列专项金融支持政策为中小企业发展提供了有效支撑。《国防教育法》授权联邦政府给予州立院校资金支持，用以加强关键学科教学和资助高层次人才完成学业，为科技向深层领域推进和高精尖技术发展储备了人才。产业高端化已经成为美国科技强国的最直接体现。

（2）德国经验

建立强大的教育体系是科技引领产业结构升级的重要特征。德国在工业化发展过程中，不断加大对教育和科研的投入。同时，通过产业结构调整带动银行业高速发展。综合银行、合作银行、储蓄银行、抵押银行等随之陆续出现，为工业化过程提供了资金支持。教育体系逐步完善，义务教育为产业结构调整准备了基本人才，高等教育为产业发展培养了所需的专门人才，以技术大学为代表的职业教育培养了大批的工程师和工厂主。多元化的教育体系为工业化提供了人才支持和保证。与此同时，德国加大高规格科研机构建设，如国立物理研究所，引进了先进技术并凭借已有实力很快消化、吸收、创新，使之成为高水平的生产力。

加大重点领域和关键环节的研发投入。德国工业化后期的投资重点转向科研领域。早在20世纪初，德国工业部门的研发费用就已经占到整个国家研发总额的90%。在高科技领域，德国加大对计算机、信息技术、空中客车、生物技术等重点行业的研发投入，采取新旧技术融合的方式，形成生产率高、附加价值大的高技术产业群，由此推动产业结构向高级化发展。德国无论处于哪个发展阶段，都高度重视教育体系的持续完善，目前德国职业教育体系非常成熟，劳动力素质和劳动生产率全面提高。长期教育投入对劳动结构的积极影响逐渐显现，智力劳动力占总劳动力的比例已经超过50%，这也是德国保持科技创新和制造业全球领先地位的核心。

（3）日本经验

推动科技资源向重点产业集聚。日本在产业转型过程中非常注重科技资源要素在重点产业领域的配置，从最初的钢铁、煤炭、电力、造船四大基础产业，再到电子信息、汽车、生物医药等高技术产业，无不持续加大技术的引进和设备投资。政府通过行政指导保证了银行的信贷量和贷款的方向性，再加上形成了把实现某种特定目标放在首位的政策性融资，促使一些受到产业政策倾斜的行业蓬勃发展，加快了产业结构的合理化和高级化。与此同时，日本教育由重视基础教育的普及转变成注重高中教育、职业教育和大学教育，既促进了劳动生产率提升，也为新技术的发展和产业转型升级扩大了人才队伍。

实施“技术立国”战略，推动日本成功向知识技术密集型产业转型。从20世纪70年代到90年代经历了近20年的高速增长期，日本经济进入平稳增长阶段。通过发展半导体、精密机械、核能等产业，推动产业结构向知识技术密集型方向发展。通过实施“技术立国”战略，一方面，加大科技投入，给予计算机、电子等知识技术密集型产业政策支持和大量政府专项资金投入；另一方面，引进国外专家进行先进领域的研究开发，不断加强新技术新产品的自主研发。与此同时，通过债券、股票市场以及公开短期金融市场等直接融资手段，加快推动资金流通，并向国外资本进一步开放市场。这一时期人口红利凸显，同时，教育的大规模投入、专业职业技术培训等使得工程师、熟练技术人员和高科技研发人员等高素质人力资本充实，为产业结构升级提供坚实支撑。

（4）韩国经验

20世纪七八十年代，韩国政府依靠科技创新，引领产业优化升级，实现劳动密集型产业向电子、机械、汽车、石化等技术集约型产业转变，创造了韩国经济的“汉江奇迹”。韩国依靠科技创新，引领产业结构优化升级的经验，值得当前辽宁推进产业结构优化升级借鉴。

出台一系列科技创新优惠政策。20世纪80年代以来，韩国政府为促进产业转型升级，制定了《新技术产业化投资税金扣除制度》《科研设备投资税金扣除制度》《技术转让减免所得税制度》等一系列政策法规。这些政策明确规定钢铁、电子、石化、造船等行业科技创新的税收优惠对象和条件。同时，根据经济和科技发展情况，不断调整税收优惠政策对象。为了保护本国高科技产业市场，韩国制定了“机械零件和材料国产化”等五年发展计划，对汽车、造船、电子等产业的高科技产业的产品实施国产化政策以及与此相对应的金融、税收政策。韩国政府的这些政策极大地提高了韩国高科技产业的竞争力。韩国通过完善奖励科技创新取得突出成绩的企业和个人的政策，鼓励企业和个人积极开展科技创新活动，在全社会形成科技创新的良好氛围，为韩国科技创新引领产业优化升级营造了良好的政策环境。

大力发展高科技产业。韩国高度重视发展高科技产业，以此带动产业结构优化升级。韩国政府明确提出重点发展半导体、生物技术、新材料、新能源等高科技产业。为了加快发展这些高科技产业，韩国政府除了给予以上这些产业优惠政策外，还从以下几个方面加快高科技产业发展。一是制订高科技产业发展具体实施计划，明确制定高科技产业发展的目标、任务、措施等，让全社会了解高科技产业发展的意义、进程等，保障高科技产业有序健康发展。二是同期政府投巨资发展生物技术、新材料、新能源等高科技产业，保障高科技产业的资金来源。三是设立高科技产业园区，把高科技产业集中于产业园区，通过产业园区资源整合平台，对高科技产业进行统一规划、集聚要素、集中管理、加快发展。

突破重点产业领域科技创新。韩国政府推进科技创新不是采取全面出击的战略，而是选择对韩国经济发展具有重要影响的重点产业进行科技创新，通过科技创新提升这些重点产业的科技水平，进而带动韩国其他产业优化升级。例如，20世纪70年代，韩国政府重点选择了重化工等产业进行技术创新，推动重化工产业优化升级。2000年开始，韩国政府根据国际产业发展大势，重点选择信息技术、生物工程、纳米技术、环境工程、文化技术等产业领域进行技术创新。2005年以来，韩国政府又顺应世界科技发展潮流，重点发展数码广播、智能机器人、新一代半导体和未来型汽车等十大高技术产业进行技术创新，使韩国高技术产业走在世界科技进步的前列。此外，韩国政府还出台了《产业研究集群支持计划》，对韩国中小企业的技术进行研究，根据研究的特点和方向划分为若干个研究集群，在这个基础上充分发挥集群研究和开发的优势，突破重点产业科技创新，带动整个产业结构调整和升级。

5.1.3 科技创新引领产业转型升级的经验借鉴

（1）上海在科技引领产业升级方面的主要做法

一是大力发展融合性数字产业。上海着力推动互联网、大数据、人工智能和实体经济深度融合，重点发展以人工智能、大数据、工业互联网为代表的融合性数字产业。一是人工智能产业。上海是中国人工智能发展的领先地区之一。2020年，上海人工智能产业规模近2 000亿元，增长30%以上，重点发展智能驾驶、智能机器人、智能硬件、智能传感器、智能芯片、智能软件等领域。目前，上海人工智能重点企业超1 100家，培育依图、智臻智能、优刻得、深兰、图麟等一批本土领先企业，并吸引了BAT、华为、微软、谷歌等国内外龙头企业在沪设立研发基地。产业主要集聚在浦东区、临港新片区、徐汇区和闵行区。二是大数据产业。2020年，上海的大数据产业总规模超过2 300亿元，同比增长16.3%，重点发展核心芯片、高性能计算机、传感器、数据仓库、智能分析、数据可视化等领域。目前，上海大数据核心企业已经超1 000家，拥有星环科技、合合信息、数库科技、迪爱斯、望海大数据等代表企业。产业主要集聚在静安区、杨浦区、浦东新区、徐汇区和闵行区。三是工业互联网产业。2020年，上海工业互联网的核心产业规模达到1 000亿元。培育了涵盖网络、平台、安全等39个综合解决方案提供商，打造了宝信、上海电气“星云智汇”、智能云科、中科云谷等15个具有影响力的工业互联网平台，建成94个市级以上智能工厂，带动12万中小企业上平台。产业主要集聚在松江区、浦东新区、上海化工区、嘉定区和宝山区。

二是深入推进技术改造，加快新旧动能转换，打造国际竞争新优势，实现实体经济转型升级。2018年4月，上海市人民政府制定了《上海市深入推进技术改造巩固提升实体经济能级三年行动计划（2018—2020年）》，指出技术改造是巩固提升实体经济能级的关键举措。其中提出5项重点任务：①实施产业智能化改造工程。实施以机器人应用为特征的自动化改造推广，新一代信息技术深度应用的智能化改造，以及支持人机协作和自主可控的智能制造应用示范。②实施技术高端化提升工程。加快推进技术创新能力建设，加强基础领域能力改造提升，以及加速科技成果产业化。③实施产业集群化建设工程。促进传统制造业产业链转型升级，加快推进新兴行业产业链建设，以及实施重点行业产业链补链。④实施制造服务化发展工程。加强生产制造的研发设计能力建设，推进检验检测服务能力建设，以及推动供应链优化提升改造。⑤实施产业精品化培育工程。不断丰富产品品种，大力提升产品质量，以及推进品牌创建基础能力建设。六是实施制造绿色化转型工程。加快产业绿色安全升级，推进资源高效循环利用，以及实施以绿色制造为特点的全流程改造。

三是优化创新融合生态，完善公共服务。优化创新融合生态，推进场景、技术、资本、人才“四轮驱动”的要素体系，完善公共服务。聚焦场景拉动，有效激发需求侧活力，面向电子信息、生物医药、装备制造、汽车、钢铁化工、建筑能源、都市产业等领域建设“1000+”标志性场景，促进技术研发、成果转化和服务创新。聚焦技术创新策源，全面提升供给侧能级，创新“揭榜挂帅”方式，完善技术推进路线图，重点在工业操作系统、CAE/CAD/CAM等工业软件以及工业智能硬件、机器人等新型智能产品方面取得突破。聚焦产融对接，创新融资租赁、供应链金融、质量保险等金融产品，推动创新型头部企业与科创板对接便利。聚焦人才基础，推动产教融合，优化复合型人才培育模式，打造“工赋学院”品牌，支持建设一批智能制造和工业互联网产教融合创新平台和实训基地。聚焦完善公共服务，建设关键共性技术综合测试床，建立创新产品和解决方案的“中试场”，建设长三角区域一体化企业数字化转型公共服务平台，组建面向制造业的高水平开源社区联盟。

四是激发多元主体活力。引育头部企业，打造标杆载体。推动供需两侧改革，推动各类所有制企业共同发展，深化国资国企工业互联网促数字化转型专项工程，支持外企设立数字技术研发机构和云服务中心，牵引培育“单项冠军”和“隐形冠军”，促进大中小企业融通发展。打造标杆载体，引育一批工业互联网标杆平台和各具特色的园区载体。打造先进制造融合应用集群，因业施策，以数字化转型锻造“知识制造”“智能制造”“绿色制造”的集群样板。

（2）湖北省在科技引领产业升级方面的主要做法

一是以科技创新驱动和引领高质量发展，着力打造全国重要增长极。武汉东湖高新区被称为“中国光谷”，光谷是搭建创新的平台，利用好区域内的技术资源，推动成果的转化。光谷创新发展研究院集聚了武汉92所大学、130多家各类国家级创新平台，为光谷快速发展提供动力源。光谷实验室整合湖北省光电信息领域的优势平台、优势学科、优势人才、优势产业，采取“1+N”的组织模式，依托华中科技大学，联合优势科研机构和企业共同建设，形成“核心+联盟+生态圈”的创新格局，聚焦下一代通信网络器件与芯片、高端医疗影像装备、光电转换材料与器件、高效钙钛矿太阳能电池等四大任务，建设光电芯片微纳制造及测试平台等，着力提升光电信息领域原始创新能力，突破“卡脖子”关键核心技术瓶颈，加速科技成果转化，打造光电信息领域创新驱动高质量发展的战略力量。全球首款128层三维闪存芯片、全国首个400G硅光模块、全国第一条主攻折叠显示屏6代柔性显示面板生产线等多个全国乃至全球的“首创”都在光谷诞生。自2020年以来，湖北加速创建以东湖科学城为核心的光谷科创大走廊。七大湖北实验室，三条特色产业带，一条由武汉出发，连接鄂州、咸宁、黄冈、黄石，沿长江延展百余公里的科创走廊，正成为湖北经济高质量发展的助推器。

二是重点强抓传统产业的转型升级。以智能化、绿色化、服务化、高端化、集群化为导向，推动食品、化工、冶金、纺织、建材等传统产业焕发新活力、新动能、新优势。早在2013年，湖北省将“两计划一工程”作为传统产业转型升级的重要抓手，加快冶金等4个传统优势行业改造升级，突出抓好100户重点企业技术改造示范项目，提升产业素质和企业竞争力。工业转型升级注重“两型”发展，一方面运用市场倒逼机制，不折不扣完成淘汰落后产能任务；另一方面，突出加快重化行业节能减排技术改造，并以钢铁、水泥、化肥等8个行业为重点，推进行业联合重组。2016年完成工业技改投资242亿元，同比增长25.7%。先后引进产业龙头企业对21家困难企业进行兼并重组。其中，引进北京三聚环保投资20亿元对濒临破产的金鹰能源实行重组；引进人福医药投资8亿元，重组处于停产状态的广源食品等。例如，东风日产，从标致－雪铁龙到本田、日产，东风一步步扩大国际合作，借跨国巨头之力，积极参与世界汽车工业分工。一个拥有商用车、乘用车、零部件产业的“新东风”正迎来发展的爆发期，带动武汉－襄阳－十堰汽车工业走廊蓬勃发展。例如，武钢打造出硅钢、冷轧薄板等具有高附加值的特色产品，并催生出一条新兴产业链带动了武汉市周边冒出15家钢构企业，显示出强大的竞争力。另外，鄂钢并入武钢；湖北省清江水电投资公司和电力开发公司合并为湖北省能源集团；华新水泥引进战略投资者。资源的优化配置、资本的鼎力支持，使汽车、钢铁、电力、烟草、水泥等传统优势产业快速壮大做强。

三是加强产业链管理，建立“链长制”。产业链强，则产业强，建立“链长制”，成为2021年湖北打造产业集群，建立现代产业体系，推动产业高质量发展的重要抓手。“链长”主要是解决所负责产业链供应链面临的断点、痛点和堵点问题，畅通产业循环、市场循环、经济社会循环，其工作模式是“一条产业链、一位省领导、一个牵头部门、一个专家团队、一个工作方案、一个支持政策、一个工作专班”。根据湖北特点，设置了汽车、智能制造装备、集成电路等16条重点产业链，由16位省级领导领衔“链长”。在“链长制”中，除了有“链长”，还有“链长单位”“链主”。“链长单位”是政府主管部门，“链主”是企业，如省发展和改革委员会是汽车和高端装备产业链的“链长单位”，中国信科集团是光通信产业链“链主”。在“链长”统筹下，“链长单位”联合“链主”落实具体事项，重点突破产业链薄弱环节，带动整条产业链的发展。从目前的实施效果来看，各地、各牵头部门根据产业链发展状况通过精准招商和靶向招商，逐渐补齐重点产业发展的上下游，通过建链、补链、延链、强链，做大做强做优产业，特别是提升了在核心基础零部件（元器件）、关键基础材料、先进基础工艺、产业技术基础方面的综合能力。

（3）重庆市在科技引领产业升级方面的主要做法

一是采取集群发展，不断迈向产业链、价值链中高端。在全国竞相布局汽车和电子信息产业的格局下，重庆能突出重围、异军突起，关键在于抓住了现代经济需要产业链、价值链协同互促的特点，走全链式培育、集群化发展的路子。伴随主导产业优化升级，为产业优化升级提供支撑的新型金融、研发设计等现代服务业也快速兴起。例如，汽车产业在集群推动下不断跃升。不少地方发展汽车，都是“一企独占”“一企独大”。重庆坚持打破藩篱，与国内外巨头合作，聚集起长安、福特、现代、通用等13家整车厂、1 000余家配套企业。通过集群竞合，长安自主乘用车逆势爆发，销售破百万辆，增长30%，并向新能源、智能汽车等中高端领域迈进。例如，一台价值500美元的笔记本电脑，以前由于零部件制造、研发、结算都不在国内，只搞总装，仅占整个价值链的15%左右。而如今一台“重庆造”的笔电，在当地的价值已高达60%。原因在于重庆市电子信息产业的产业链上中下游一体化整合和同类企业聚集，形成了“5（惠普等5家笔记本电脑品牌商）+6（富士康等6家代工企业）+800（800多家配套企业）”的笔电产业群。重庆电子信息产业由笔记本电脑整机组装，又延伸到液晶显示、集成电路等核心零部件的生产，电子产品向智能显示、智能手机、可穿戴设备等多终端体系拓展。

二是利用创新驱动策略，推动新动能接续涌现。2014年，重庆就提出布局电子核心部件、物联网、机器人及智能装备、新材料、高端交通装备、新能源汽车及智能汽车、MDI及化工新材料、页岩气、生物医药、环保产业等十大战略性新兴产业。重庆选择这十大战略性新兴产业，最为重要的是突出了市场导向，比如其中的集成电路、液晶面板、页岩气能源、高端装备等，都是我国进口前五位的大宗商品，有着广阔的市场需求；机器人及智能装备正引领全球制造升级，重庆抢先布局。永川区在短短一年多的时间里，吸引固高科技、广州数控、哈工大机器人等100多家企业落户，成为“国内产业聚集度最高的机器人产业园区”。

三是以改革促开放，加快融入全球分工体系。重庆提出，开放不仅仅指地理区位，更重要的是一种理念创新和制度安排。重庆通过改革，不断在通关便利化、检验检疫、保税商品展示交易等方面取得突破，驱使全球经济要素、市场需求加速向重庆汇集。“渝新欧”班列的开通，是重庆以改革促开放、推动产业发展的一个缩影。以“渝新欧”始发站重庆沙坪坝区团结村、长江寸滩港、重庆江北国际机场3个交通枢纽为基础，重庆陆续获批了3个保税区和3个国家一类口岸、14个口岸区域，从而打造了国内唯一的“三个三合一”开放平台，形成了水陆空立体开放格局。

四是创新投融资模式，助推动能转换接续。首先，以PPP改革为政府“减负”，为市场添活力。为防止PPP项目风险，重庆提出严格制度设计、严格审批程序、严格交易出让、严格监管运营、严格退出机制、严格责任追究“六个严格”要求，积极、规范、有序推进这项改革。重庆计划将6 000亿元左右的项目以PPP模式转交给社会投资。其次，以千亿投资基金助推新兴产业“爆发”。重庆将集成电路、页岩气等10个产业确定为战略性新兴产业予以大力发展。但这些产业单个项目投资就高达几十亿元甚至几百亿元，企业难以负担，必须靠资本市场解决资金来源问题。为发挥资金集约效应，重庆将散落在多个部门的部分产业扶持专项资金、政府性资金，整合成立200亿元规模的产业引导股权投资基金，吸引16家投资机构成立800亿元的战略性新兴产业股权投资基金，从而推动重庆十大战略性新兴产业“爆发”。最后，以金融创新孕育带动新产业。新兴产业发展初期普遍面临市场小、订单少、推广难等问题。为助推机器人产业发展，重庆以部分产业扶持资金作为资本金，与社会资本整合成立融资租赁公司，由租赁公司把机器人买下来再租给企业。如此一来，政府扶持资金就成了投资并可取得收益，机器人生产企业也有了订单，使用机器人的企业节省了购买成本，还有助于提升本地智能制造水平。目前重庆的融资租赁公司已经达到37家，租赁资产近250亿元。

五是不断优化资源配置，拓展发展空间。产业结构升级，发展动力转换，根本在于资源优化配置和高效利用。近几年，一种新态势在重庆逐渐形成：要素资源加快向承载力较强、产业基础较好的区域和领域聚集。2013年重庆开始深入实施五大功能区域发展战略：将全市38个县区划为五大功能区域，出台功能规划、产业和财政政策、考核评价等50多项配套措施，推动“产业跟着功能走、人口跟着产业走、建设用地跟着产业和人口走”，使不同区域“各优其优”。在五大功能区域发展战略引领下，通过推动区域间差异发展、特色发展、联动发展，重庆全市一体化科学发展态势逐步形成；一些产业项目和要素资源从资源禀赋较差、综合成本偏高、生态环境脆弱的区域逐步退出。

5.2 国际科技创新中心建设经验

在全球一流科技中心建设中，美国、英国、德国、法国、日本等国家的科技创新中心建设成绩斐然，其建设科技创新中心的路径与模式值得深入分析和总结。

5.2.1 美国旧金山—圣何塞科技创新中心

以全球创新中心之一硅谷为腹地的美国“旧金山湾区”，依托硅谷地区知识、资本的外溢和辐射，圣何塞的高技术产业群，奥克兰的高端制造业，以及旧金山的专业服务（如金融和旅游业），经过长期发展构筑了一个“科技（辐射）+产业（网络）+制度（环境）”的全球创新中心。这个创新中心有四个突出特点：一是多样性人才池，硅谷拥有大量的高素质人才，包括工程师、科学家、企业家、投资家以及专业金融和法律服务人员，技术移民人口创建的企业占硅谷全部高科技企业的1/3多；二是产学研集群效应显著，由斯坦福大学师生或校友创建的企业产值占硅谷总产值的50%到60%；三是科技服务支撑体系完善，多样、畅通的融资渠道，使硅谷的企业尤其是新建企业容易获得资本支持；四是成熟的创新资源网络，高校、企业、研发机构、风险资本和各类中介机构紧密互动，形成了开放创新资源网络，为新技术、新商业模式的诞生提供最佳的土壤。

5.2.2 德国柏林科技创新中心

多种模式的新实验室与初创企业、中小型企业、高等院校、科研机构形成一个动态的创新体系。1990年东西德合并后，柏林转型成功最关键的因素是建立了良好的创新生态系统，依靠蓬勃发展的文化创意产业、包容开放的城市氛围吸引了全球具有创意和冒险精神的人才。在激发民众创新方面，柏林建立了多种模式的创新实验室，如大众实验室、共享办公空间、企业能力中心、孵化器/加速器等，这些与初创企业、中小型企业、高等院校、科研机构形成了一个动态的创新体系。在完善创新基础设施、提供必要服务方面，柏林政府不仅出台了多项发展规划为创新主体建设营造良好环境，同时也发展了各类专业的服务机构，如为创业者、初创企业和中小型企业提供全方位服务的柏林伙伴公司。此外，区域内部和区域间合作协同是柏林发展战略的一个突出特点。对内，政府牵头围绕高校建立了多个未来之地园区，为创新思想提供交流机会和物理空间，实现创新创业项目与大型企业需求的对接；对外，联合勃兰登堡州推出联合创新战略，通过跨区域集群促进区域资源共享，用产业分工优化投入效率。

5.2.3 英国伦敦科技创新中心

凭借“知识（服务）+创意（文化）+市场（枢纽）”模式而成为世界城市可持续发展的榜样。伦敦是具有全球影响力的科技创新中心，在文化、金融、商业、教育、时尚、健康、旅游和航运等方面具有显著优势。伦敦汇聚了世界知名的大学和研究机构，集结了数万家高科技企业、数十万名来自世界各地的科技精英，科技创新实力在欧洲处于顶尖位置，特别是数字经济产业和生命科学产业优势突出。伦敦依靠自由开放环境下的市场机制和自身深厚的科研积淀，进一步在政府引导和支持下加速产业集聚、扩大影响，凭借“知识（服务）+创意（文化）+市场（枢纽）”模式使大伦敦地区成为世界城市可持续发展的榜样。从创新生态系统角度总结伦敦打造全球科技创新中心的举措和经验，得到以下启示：一是雄厚的教育和科研实力是科技创新中心建设的基础，二是良好的商业环境有利于创新要素的聚集，三是独立专业的投资和运作组织有利于政策的实质性落地，四是金融领域的改革为科技创新提供了重要保障。

5.2.4 法国巴黎-萨克雷地区科技创新中心

法国巴黎-萨克雷地区科技创新中心成为具有欧洲乃至全球影响力和辐射力的创新高地。法国中央政府和巴黎大区政府于2008年全球金融危机爆发前后正式提出建设具有全球影响力的巴黎-萨克雷科技集群的战略构想，实施三项举措：一是持续鼓励并支持坐落于巴黎市区的高等院校外迁至萨克雷创新高地；二是创建世界一流研究密集型大学——“巴黎-萨克雷”大学，包括17家国立高等院校和6家国立科研机构；三是创建若干新型科学研究实体，如分子科学研究所、法兰西岛光伏研究所等。得益于法国中央政府的顶层设计和巴黎大区政府的配套措施、资金支持等，这里凝聚和整合了巴黎大区的产学研力量布局，培育和造就了数个优势学科和支柱产业，优化和提升了巴黎大区的创新水平和生态系统，巴黎-萨克雷由一个工业欠发达的高原蜕变成具有欧洲乃至全球影响力和辐射力的创新高地。

5.2.5 日本东京科技创新中心

日本东京科技创新中心形成独具一格的“工业（集群）+研发（基地）+政府（立法）”的创新模式。日本政府从国家到地方共同明确了东京成为全球创新网络枢纽的发展目标，并为进一步优化东京投资环境、加快创新要素集聚、激发创新活力制定了一系列政策与措施。2014年3月，日本政府正式指定东京圈、关西圈、福冈县福冈市、冲绳县四个地区作为国家战略特区。其中，东京圈定位为“国际商务创新中心”，战略任务是促进国际资本、国际人才、国际企业聚集东京，开创具有国际竞争力的东京新产业。东京科技创新中心的发展属于典型的政府主导型模式，更多地体现为集群模式与国际枢纽模式的融合，东京都市圈为创新系统的良性发展提供了结构保障。经过多年转型和升级，东京逐渐从战后的传统工业城市转变为现代化的创新型城市，并且形成了独具一格的“工业（集群）+研发（基地）+政府（立法）”的创新模式，使得东京成为集制造业基地、金融中心、信息中心、航运中心、科研和文化教育中心及人才高地于一体的科技创新中心。

5.3 国内综合性国家科学中心建设经验

党的十八大以来，我国区域创新发展战略稳步推进，区域创新高地加速涌现，科技创新中心建设取得重要进展（见表5-1），综合性国家科学中心建设全面加速，梯次接续、布局合理的区域创新发展新引擎初步形成。综合性国家科学中心主要依托空间分布集聚、研究方向关联的重大科技基础设施集群布局组建，通过打造自由开放的科学研究和技术创新制度环境，以及科学合理的组织管理架构和运行机制，组织开展高水平交叉前沿性研究，发起大科学研究计划与工程，打造世界一流的新兴学科集群、创新人才集群、技术研发机构集群，产出重大原创科学成果和颠覆性产业技术，提升我国在交叉前沿领域的源头创新能力和科技综合实力，代表国家在更高层次上参与全球科技竞争与合作。

5.3.1 北京：怀柔综合性国家科学中心

2017年5月25日，国家发展和改革委员会、科技部联合批复《北京怀柔综合性国家科学中心建设方案》，同意建设北京怀柔综合性国家科学中心。按照北京怀柔综合性国家科学中心建设方案的要求，系统推进重点科学领域

表5-1　　四大综合性国家科学中心大科学装置配备

城市/区域	大科学装置
上海	上海光源一期、国家蛋白质设施、上海光源二期、超强超快激光装置、活细胞成像台、软X射线自由电子激光装置、硬X射线自由电子激光装置、活细胞结构与功能成像、海底长期观测网、高效低碳燃气轮 机试验装置、纳米自旋与磁学线站、动力学研究线站、质子治疗装置的加速器系统等
合肥	同步辐射装置、全超导托卡马克（EAST）、稳态强磁场实验装置、聚变堆主机关键系统综合研究设施、未来网络实验设施（合肥分中心）、高精度地基授时系统、雷电防护实验设施、先进光源、大气环境立体探测实验研究设施、强光磁实验设施等
北京	北京正负电子对撞机、综合极端条件实验装置、地球系统数值模拟装置、空间环境地基综合监测网（子午工程二期）、多模态跨尺度生物医学成像、自由电子激光等
粤港澳大湾区	散裂中子源、空间环境地面模拟装置深圳拓展设施、空间引力波探测地面模拟装置、脑模拟与脑解析设施、合成生物研究设施、多模态跨尺度生物医学成像装置、材料基因组平台等

跨越发展，推进国家重大科技基础设施集群发展，科学布局前沿交叉研究平台，集聚国内外一流科技创新人才及团队，谋划推动实施重大科技计划，积极推进全面创新改革先行先试，不断巩固和提升怀柔综合性国家科学中心对北京科技创新中心的关键支撑。

（1）战略定位

建成世界级原始创新承载区、综合性国家科学中心核心承载区、生态宜居创新示范区。原始创新是怀柔科学中心显著特色和明显标志，主要围绕物质科学、空间科学、地球系统科学、生命科学和信息与智能科学五大科学方向，重点推进“五个一批”，也就是：建成一批国家重大科技基础设施和交叉研究平台；吸引一批科学家、科技领军人才、青年科技人才和创新创业团队；集聚一批高水平的科研院所、高等学校、创新型企业；开展一批基础研究、前沿交叉、战略高技术和颠覆性技术等科技创新活动；产出一批具有世界领先水平的科技成果，提高我国在基础前沿和交叉科学领域的原始创新能力和科技综合实力。

（2）实施路径

①建立健全组织推进机制

建立部院市协同的协调推进机制。成立理事会作为议事协调和决策机构，由北京市市长与中国科学院院长共同担任理事长，由国家发展和改革委员会、科技部和教育部等9个国家部门作为理事单位，下设理事会办公室，落实理事会决策事项和工作协调推动。在理事会架构下，北京市与国家发展和改革委员会、教育部和中国科学院进一步建立常态化对接机制，发挥共商和指导作用。同时，成立专家委员会，由国内外专家学者共同担任专家委员，在规划编制、重大项目遴选评审等方面发挥重要咨询顾问作用。

建立市区统筹联动落实保障机制。理事会办公室设在市发展和改革委员会，确保科学中心强有力领导和协同推动机制，进一步增强院部市区协调推动力度。设立怀柔科学城党工委和管委会，分别作为市委和市政府派出机构，强化与怀密两区联动，更好支撑空间承载和属地保障。组建怀柔科学城建设发展有限公司，作为建设运营服务的市场化主体。

②高水平开展顶层设计

形成综合性国家科学中心方案落实体系。在国家发展和改革委员会、科技部批复的《北京怀柔综合性国家科学中心建设方案》基础上，印发实施怀柔科学中心2017—2020年建设任务实施方案，进一步制订2017—2021年工作计划，量化、细化、具体化和项目化推进落地落实。在国家发展和改革委员会指导和帮助下，与中国科学院共同研究编制的《“十四五”时期北京怀柔综合性国家科学中心发展规划》于2021年11月获国家批复，同时印发

《“十四五”时期北京怀柔综合性国家科学中心发展规划》任务清单、改革政策清单、重大项目清单，以规划为引领，以年度工作要点和重大项目为抓手，全力加快建设进度，稳步推进各个关键节点，切实推进各项任务扎实落实。

形成怀柔科学城“1+3+N”规划体系。落实党中央、国务院批复的北京城市总体规划要求，统筹好科学、科学家与科学城，用引领国际一流水平的标准形成规划体系。印发实施《怀柔科学城规划（2018年—2035年）》，作为怀柔科学城战略性、统领性和综合性规划。围绕科学功能、重大科技项目和空间承载三大核心内容，进一步编制形成了科学规划、重大科技基础设施布局研究和城市空间规划体系（总体城市设计、控制性详细规划等）。此外还组织编制了综合交通、市政基础设施和公共服务等若干专业专项规划和专题研究。

③创新建设运行管理机制

创新项目双主体投资建设模式。纳米所项目基础研究部分采取政府直投方式，具有转化能力的部分采取补助方式，提高政府投资资金使用效率，精细化政府投资方式。交叉研究平台项目院市投资建设，采用科研单位和平台公司双主体建设模式，由平台公司持有房产和土地，科研单位负责设备采购并持有。双主体投资建设模式，既有利于项目规范建设和严格成本管控，也有助于推动开展科技成果转化合作。

纳入投资审批改革试点。按照“一会三函”流程加快怀柔综合性国家科学中心重大科技项目组织实施，第一批交叉研究平台平均历时约120天实现开工建设，提高项目建设质效，创造了前所未有的“怀柔速度”。

创新“三同步”推进模式。针对重大科技项目周期长的特点，提前做好规划，采用“同步建设、同步接收、同步安装”的并行方式，将多个建设任务同步推进，弥补不可控因素在客观上引起的时间损耗，最大限度节省工程时间。

创新重大科技项目运行开放机制。研究制定《北京怀柔综合性国家科学中心重大科技研发平台项目管理办法》，强化科学设施平台从前期谋划到落地实施，从科学遴选、建设运行管理到开放共享、监督考核等进行全生命周期管理。其中，探索实行交叉研究平台运行经费“限期支持、逐年递减”，同时建立运行奖励资金，根据第三方评估结果给予奖励支持。

强化多元投入保障。通过征拆资金投入、市政府固定资产投资、中央预算内资金投入、资本金注入、政府专项债等多种方式确保资金投入，保障综合性科学中心建设工作全面加速。

④全面激发创新创业活力

优化完善创新创业生态。先后引入中关村信息谷、国科大创新创业示范基地、海创产业技术研究院、优客工场等创新创业服务平台，北京银行、中关村银行等金融机构，深圳证券交易所、上海证券交易所成立企业上市服务中心或工作站。

营造一流创新创业人才汇聚发展环境。怀柔科学中心实施“雁栖计划”，研究“雁栖人才卡”工作方案，搭建海内外高端人才信息平台。中国科学院制定“怀柔四条”激励政策，给予入怀工作人员事业编制、人才指标、薪酬支持和特别补助专项政策。

⑤加快重大科技项目集群建设

高能同步辐射光源设施、多模态跨尺度生物医学成像设施、综合极端条件实验装置、地球系统数值模拟装置以及空间环境地基监测网等5个重大科技基础设施开工建设，项目总投资超过100亿元。脑认知功能图谱与类脑智能交叉研究平台、空间天文与应用研发实验平台、深部资源探测技术装备研发平台、环境污染物识别与控制协同创新平台等11个科教基础设施加速推进，项目总投资约30亿元。材料基因组研究平台、清洁能源材料测试诊断与研发平台等13个交叉研究平台建设稳步实施。

⑥提升科技创新实力

服务国家重大战略需求：中国科学院空间科学一期先导专项“墨子”“慧眼”等、二期先导专项“太极一号”“怀柔一号”等卫星发射，推动我国迈向空间科学强国；大气物理所依托地球系统数值模拟装置在国内首次实现大气二氧化碳浓度的全耦合模拟，可为2060年前碳中和的路径优化提供科学支撑；力学所研制了国际领先水平的复现高超声速飞行条件激波风洞（JF12复现风洞）和爆轰驱动超高速高焓激波风洞（JF22超高速风洞），大幅提升我国在空天宇航方面的地位。

厚植基础前沿研究：物理所自主研发的无液氦稀释制冷机原型机，在解决量子计算“卡脖子”问题上迈出关键一步，标志着我国已具备为量子计算提供极低温条件保障的能力；物理所发现马约拉纳零能模，对发展拓扑量子计算具有深远的意义；高能所首次成功完成高品质因数1.3GHz 9-cell（腔室）超导腔的小批量试制，打破了国外在射频超导方面的技术垄断。

强化示范应用：雁栖湖应用数学研究院研发的新一代数据确权与交易关键技术，在提高数据交易效率的同时保证了数据交易的安全性，使得数据交易像普通商品交易一样便捷安全。

⑦强化创新和科技成果转化

设立“怀柔科学城科技成果转化专项”，2018年和2019年共支持51个科技成果转化项目，支持财政科技资金2.3亿元，目前已有30项在怀柔科学城落地。发布怀柔科学城促进科学仪器产业创新发展纲要，发展科学仪器投资、研发、设计、制造、展示、交易和运维服务的创新链。上海证券交易所和深圳证券交易所分别在怀柔成立工作站和企业上市服务中心。

⑧强化新兴产业策源能力

聚焦三大特色产业培育发展。培育科学仪器和传感器产业，发布促进科学仪器产业创新发展纲要，成立怀柔仪器和传感器公司，设立科学仪器创新发展基金，举办首届雁栖湖科学仪器和传感器论坛，已吸引82家仪器和传感器企业落户怀柔科学城。

围绕设施平台谋划布局新材料产业，国家动力电池创新中心投入运行，国家轻量化材料成型创新中心加快建设，有色金属新材料科创园正式运行，13家企业和机构签署入驻协议。发展细分领域生物医药产业，引入北大怀密医学中心，鼓励企业在诊断试剂、包装材料、生物制药、中药等领域精耕细作。

⑨持续提升国际影响力

连续举办三届国际综合性科学中心研讨会，并于2019年成立国家科学中心国际合作联盟，成为连接国内外科学中心的重要平台和纽带。“一带一路”国际科学组织联盟落户，推动共建“一带一路”科技创新共同体，充分发挥了北京全国科技创新中心的集聚效应。开展首届“细胞科学北京学术会议”等一系列国际科技交流合作活动，有力提升了怀柔综合性国家科学中心的国际影响力。成立怀柔科学城硅谷工作站，为宣传推介怀柔科学城、海外高层次人才寻访和项目收集搭建了平台。

5.3.2 上海：张江综合性国家科学中心

2016年2月16日，国家发展和改革委员会、科技部批复同意上海以张江地区为核心承载区建设综合性国家科学中心。在国家发展和改革委员会等部门指导下，上海张江综合性国家科学中心加快建设世界一流重大科技基础设施集群，推动设施建设与交叉前沿研究深度融合，构建跨学科、跨领域的协同创新网络，探索实施重大科技设施组织管理新体制，建设成效初步显现。

（1）战略定位

突出“顶尖+平台”，以物理形态为主。布局众多国家实验室和区域性的科创设施，并引入城市高等级公共服务和科技金融等生产性服务，担负国家赋予上海战略任务：发挥上海优势，强化创新策源功能，以张江地区为核心承载区，建立世界一流重大科技基础设施集群；推动设施建设与交叉前沿研究深度融合，构建跨学科、跨领域的协同创新网络；探索实施重大科技设施组织管理新体制，代表国家在更高层次上参与全球科技竞争与合作。

（2）实施路径

①建设建成一批全球领先重大创新平台

以全球视野、国际标准推进张江综合性国家科学中心建设，集聚建设国际先进水平的实验室、科研院所、研发机构、研究型大学，加快建立世界一流的重大科技基础设施集群。服务国家战略和前沿科技发展需要，集中布局和规划建设重大科技基础设施，充分发挥重大科技基础设施集群的极限研究支撑作用和“1+1>2”的交叉集成作用，为前沿科学技术和经济社会重大需求问题研究提供长期、关键的科学技术支撑。持续推动硬X射线、活细胞成像、转化医学等项目对外开放运行，不断完善国家重大科技基础设施、重大专项的地方配套，深化全基因组蛋白标签、糖科学和糖类药物研发等领域的国际合作。

②推动设施建设与交叉前沿研究深度融合

聚焦生命、材料、环境、能源、物质等交叉前沿领域，依托重大科技基础设施组织开展高水平研究。推动实现重大原创性突破，力争解决对人类认识世界具有重要作用的科学前沿问题和制约产业发展的重大基础瓶颈问题，为科技、产业持续进步提供源头创新支撑，成为重大原始创新的重要策源地。张江综合性国家科学中心相关领域的科研能力逐步实现了从“跟跑”向“并跑”和“领跑”转变。在新冠病毒感染科研攻关中发挥了重要作用，首次解析出新冠病毒第一个蛋白晶体结构，为疫苗设计和治疗性抗体开发提供重要支撑；率先开展“新冠病毒感染患者合并感染防治”“脏器功能保护”等科研攻关，形成了“上海新型冠状病毒综合救治专家共识（上海方案）”；最早研发出新冠病毒感染检测产品并获批临床应用。

③构建跨学科、跨领域的协同创新网络

充分发挥上海高水平研究院所和高等院校集聚优势，汇聚培育全球顶尖研发机构和一流研究团队，探索整合跨学科、跨领域、跨部门创新要素，深入推进产学研协同创新，释放科技机构和人才创新活力，形成高度开放、密切合作的协同创新网络。

④不断加强协同创新合作能力

上海市科创办与安徽省发展和改革委员会共同签署《关于推进上海张江、安徽合肥科技创新开放合作的框架协议》，推进上海张江、安徽合肥两个综合性国家科学中心“两心共创”，有助于汇聚世界一流科学家，协同突破一批重大科学难题和前沿科技瓶颈，显著提升我国基础研究水平，强化原始创新能力。

⑤探索实施重大科技设施组织管理新体制

在全面创新改革试验部际协调机制下，由上海市政府会同国家发展和改革委员会、科技部等国家有关部委和单位，以及若干知名科学家、企业家组成理事会。探索在理事会领导下的综合性国家科学中心自主管理、科学家决策的运行机制，加快建立符合科学规律的多学科交叉前沿研究管理制度，充分激发科学家的自由探索精神和创造力。

5.3.3 安徽：合肥综合性国家科学中心

2017年1月10日，国家发展和改革委员会和科技部复函同意安徽省建设合肥综合性国家科学中心。合肥综合性国家科学中心的建设主要依托中国科学院合肥物质科学研究院和中国科学技术大学，聚焦能源、信息、生命、环境四大领域，解决重大科学问题、提升原始创新能力、催生变革性技术。2017年9月7日，安徽省委、省政府和中国科学院共同印发《合肥综合性国家科学中心实施方案（2017—2020年）》，着力搭架构、创机制、建项目、促转化、聚人才、强合作，实现了高起点开局、高标准推进，步入了高质量发展的“快车道”。

（1）战略定位

构建“源头创新—技术开发—成果转化—创新创业—新兴产业”全链条式产业创新体系，让科学中心成为搭建从科学到技术、从技术到产业的转化桥梁。中心将依托合肥地区大科学装置集群，聚焦信息、能源、健康、环境等四大领域，吸引、集聚、整合全国相关资源和优势力量，推进以科技创新为核心的全面创新，强化科研院所和高等院校科技创新主体作用和基础作用，大力营造良好的人才集聚环境和自由开放的科研制度环境，开展多学科交叉研究，产生变革性技术，催生战略性新兴产业，成为国家创新体系的基础平台、科学研究的制高点、经济发展的原动力、创新驱动发展先行区。

（2）实施路径

①强力推进重大项目规划建设

全面加快聚变堆主机关键系统综合研究设施等建设，提升同步辐射光源、全超导托卡马克、稳态强磁场实验装置性能，发挥更大作用，形成大科学装置集群，支撑开展跨学科交叉前沿研究。积极谋划建设前沿交叉平台，医算中心、物质中心、地空中心等3个中国科学院“十三五”科教基础设施即将开工建设，将极大提升国家科学中心优势学科领域创新保障能力。聚变堆主机园区工程建成交付使用，合肥先进光源等2个设施获批启动建设。加快强光磁集成实验装置、超级陶粲装置关键技术预研。形成大科学装置建成、在建、预研梯次推进的格局，获批“十四五”国家大科学装置数量、建成在建装置数量均位居全国第三。

②高能级研发机构组建运行

建成运行能源、人工智能、大健康、数据空间4个研究院，登记成立环境研究院。招引全职人员400余人，承担10.5T磁共振成像、全数字PET等重大项目，获批国拨经费近1亿元，发表高水平论文300余篇，申请专利

300余项，高水平创新主阵地初步形成。

③高水平科技攻关持续推进

聚焦信息、能源、健康、环境四大领域，突出关键共性技术、前沿引领技术、现代工程技术、颠覆性技术创新，开展多学科交叉研究，加快建设重大原始创新重要策源地。原始创新成果相继涌现，取得国内首创纯氨燃烧器点火成功、参与世界首颗量子微纳卫星发射、相关技术助力神舟系列飞船顺利返回等重大科技成果，科学中心项目单位14项成果在国际三大顶级期刊发表，稳态强磁场刷新磁场强度世界纪录等2项成果入选年度中国科技十大进展新闻。合肥综合性国家科学中心项目单位牵头或参与完成的科技成果4次入选中国科学十大进展，6次入选中国科技十大进展新闻，1次入选中国生命科学十大进展，1次入选国际物理学重大突破，在量子、核聚变领域保持全球领跑地位。

④科技创新成果实现转移转化

选派专人驻高校科研院所，跟踪科研项目进展，协调推进成果转化落地。支持太赫兹激光主动成像等一批成果转化项目，共催生30余家高新技术企业。

⑤体制机制创新进一步加强

积极探索新型研发机构组建模式，将能源、人工智能、大健康研究院登记为事业单位，实行去行政化管理，探索实行不定行政级别、不定具体编制（可根据需要为高层次人才提供周转编制）、不设工资总额限制，在薪酬制定、人员招聘、资产管理等方面享有充分自主权的管理机制。探索实行“包干制”，给予研究院稳定的科研经费支持，进一步优化预算审批和经费管理，由重审批向重监管转变，赋予平台和科研人员更大的人财物支配权和技术路线决策权，使科研任务的技术责任和经济责任更加明确，充分激发创新主体积极性。

⑥人才技术资本耦合的创新生态初步构建

启动“科大硅谷”建设，出台20余项高含金量政策举措，规划“一核两园一镇”空间布局。成立“科大硅谷”服务平台公司，注册成立300亿元规模引导基金，推进市场化运营，对接入库项目300余个。组建全国首家科技商学院——中国科大科技商学院，配备具有全球视野的高端师资，打造跨界融合课程体系，着力培养“懂科技、懂产业、懂资本、懂市场、懂管理”的复合型科技产业组织人才，首期科创EMBA班开学授课。

5.3.4 广东：粤港澳大湾区综合性国家科学中心

2020年7月，国家发展和改革委员会、科技部批复同意东莞松山湖科学城与深圳光明科学城共同建设大湾区综合性国家科学中心先行启动区，这也是全国第4座综合性国家科学中心。目前，中国散裂中子源、松山湖材料实验室一期项目等重大科技基础设施和创新平台已经入驻东莞松山湖科学城，集聚了1 000多名科研人员，众多科技成果在东莞实现转移转化。接下来，松山湖科学城将依托散裂中子源等大装置、大平台高端创新资源，重点突破材料、信息、生命等领域关键核心技术，聚焦新一代信息技术、集成电路、高端装备制造、新材料、新能源、人工智能和生物医药7大产业，打造湾区先进制造核心引擎。

（1）战略定位

围绕国家战略布局，面向世界科技前沿、面向经济主战场、面向国家重大需求、面向人民生命健康，全面落实国家规划部署。以推动大湾区高质量发展为主线，以科技创新和体制机制创新为动力，以国际科技创新中心、世界主要科学中心、国家实验室、大湾区科技创新长廊为主平台，以自主创新示范区为主阵地，打好关键核心技术攻坚战，构建开放创新生态，建设全球人才高地。建设一流科研机构、高水平研究型大学和科技领军企业，强化战略科技力量布局，构筑国家重大创新动力源，加快打造原始创新技术的“策源地”。强化关键核心技术攻关能力，推动一批重大攻关成果示范应用，加强国际科技合作，发挥科研院所转制企业作用，提升共性关键技术研发服务能力，有效激发各类人才创新创造活力，更好促进高水平科技自立自强。基础研究突出原创，持续大力支持量子科学、脑科学、纳米科学、高端装备制造、新材料、人工智能、新一代通信、合成生物学、重大科学仪器设备等重点领域。确保全社会研发经费支出占地区生产总值比重、基础研究经费占全社会研发经费比重、顶级科学家和奖项获奖人数、在核心领域取得重要技术突破、引领性原创性研究发现等位于全国前列。

（2）实施路径

①深化体制机制改革创新

一是探索实施科研组织“新型举国体制”。发挥大湾区市场机制优势，构建“新型举国体制”框架下的科研范式。首先，改革科研项目组织实施方式。建立高效的科研创新组织体系，完善基础研究经费拨付和管理办法，研究建立重大科技基础设施建设运营多元投入机制。其次，建立支持企业发挥技术攻关主体作用的机制。建立企业为主体、市场为导向、产学研深度融合的技术创新体系，鼓励和支持企业参与和主导重大科技项目。最后，构建大科学装置网和科研设施信息库，建立大湾区科技资源共享网络平台。

二是探索科研监管制度和研究机构管理模式创新，释放科技产业和机构活力。一方面，开展新经济市场准入与监管改革，建立更加弹性包容的新技术新设备新产品监管制度。另一方面，创新研究机构管理模式。通过理事会、科学政策委员会和财政委员会等管理架构，形成市场化、契约式、弹性化管理模式。

三是构建国际通行科研管理体制。推动大湾区内地城市深度对接香港及国际科研管理制度，在科研项目评审、经费支出、成果转化、激励制度等开展全过程创新。开展顶尖领衔科学家支持方式试点，围绕国家重大战略需求和前沿科技领域，遴选全球顶尖领衔科学家，给予持续稳定的科研经费支持，在确定的重点方向、领域、任务内，由领衔科学家自主确定研究课题，自主选聘科研团队，自主安排科研经费使用。

②加快重大科技设施建设

一是争取更多国家级科技设施在大湾区布局。以深圳、广州、东莞等内地城市为核心，争取国家实验室、大科学装置和项目布局建设，弥补基础研究短板。紧抓香港北部都会区建设契机，在信息、生命科学、生物技术等关键领域，争取科技部等部委支持，在香港规划建设国家实验室、国家工程研究中心以及大科学设施，推动在前沿科学领域和无人区取得重大突破和科学发展。

二是设立大湾区重大科研基础设施决策机构。参考欧洲研究基础设施战略论坛（ESFRI），争取由科技部指导，广东省政府和香港、澳门特别行政区政府主办，在粤港澳大湾区科学论坛基础上，设立大湾区重大科研基础设施决策机构，统筹大湾区现有大型科研基础设施建设管理和未来规划建设，形成科研资源网络。

三是共建共享大科学设施。联合争取国家支持，共同建设大科学装置、国家实验室等国家重大科研基础设施，聚力开展关键核心技术攻坚。根据《国务院关于国家重大科研基础设施和大型科研仪器向社会开放的意见》，推动港澳国家重点实验室、国家工程技术研究中心香港分中心等机构与大湾区内地城市大型科学仪器共享平台合作。

四是建设大型跨境科研机构。借鉴美国博德研究所及英国弗朗西斯·克里克研究所模式，由粤港澳三地知名高校、科研机构联手，共同设立新型跨境研发机构，在医学、生物学、化学、计算、工程、数字、物理学等科学领域实现粤港澳跨境科研计划以及国际科研计划，探索机构科研资金来源为中央政府、地方政府、企业、慈善捐赠及投资收入等，机构运营上独立于高校、企业和政府。

③强化国际科技创新合作

一是粤港澳共同发起“大湾区国际大科学计划”。贯彻落实习近平总书记在中央人才工作会议上的重要讲话精神，争取由科技部指导，粤港澳共同发起“大湾区国际大科学计划”，重点聚焦脑科学、基因工程、传染病学、人工智能、深海发现等前沿科学领域。在大科学计划项目管理上，可参考欧盟“人脑计划”（Human Brain Program）、“量子技术计划”（Quantum Technologies Flagship Project）等。规划实施一批具有高水平、前瞻性、战略性的科学计划、科学工程与重大科技项目，如“大湾区科创产业旗舰研发计划”，支持生物医药、量子科学、半导体研发等重点专项。

二是吸引全球顶尖大学集聚，以大学为载体推进国际科技合作。发挥香港科研基础和国际化环境、大湾区内地城市创新氛围活跃和科技产业配套超强的优势，吸引国际顶尖大学在香港北部都会区、前海合作区、光明科学城、广州南沙等地区设立校区，与香港的公立和私立大学联合办学，早期可以先集中设立研究生院和研究院。共同争取中央支持清华大学、中国科学技术大学等国家顶尖理工类大学在北部都会区布局，集聚全球高端创新人才，推动基础研究重大攻关，成为带动北部都会区创新科技产业发展的“锚项目”。

三是深化科创规则与国际衔接。充分发挥香港对接国际规则的制度优势，同时也要主动深化与内地规则衔接，做好内地与国际的“转接口”。一方面，做好国际规则的“转译者”，针对粤港澳三地在科技创新管理体制、法律规则、范式标准等方面的差异性，香港主动承担科创体制机制和规则标准的衔接和协同工作，推动粤港澳大湾区科技创新规则一体化发展。另一方面，做好大湾区科技创新国际标准的“制定者”，组织力量牵头部署，制定5G、人工智能等行业的示范标准，推动中国标准“走出去”。

④加快建设高水平人才高地

一是研究制定全球一流基础研究人才目录。优先引进一批获得诺贝尔奖、图灵奖、菲尔兹奖、巴尔赛奖等世界顶尖奖项的基础研究型领军人才，建立“卡脖子”关键核心技术攻关与基础研究人才库，制定实施大湾区人才专项行动计划。高标准引进国际科技领军人才及国内外知名院士，以院士、科学家等为核心带动形成一批开展前瞻性基础研究和引领性原创研究的高水平研究机构和团队。

二是在大湾区内地城市率先探索技术移民制度。支持河套、前海等区域率先开展技术移民试点，逐步实现境外科技人才工作许可、工作类居留许可“一窗受理、同时取证”，进而争取审批权限下放至都市圈其他城市。

三是创新科技人才评价体系。坚持以创新价值、能力、贡献为导向建立人才评价制度体系，探索建立不同类型人才的针对性评价体系。对于基础研究人才，以同行评价、研究成果质量及对国家、社会的影响力等为重要评价因素。对于应用研究型人才，以市场评价、创新创造业绩贡献等为重，不将学历、论文论著等作为限制性条件。对于科技成果转化人才，注重转化效益效果评价，关注产值、利润等经济效益和吸纳就业、节约资源、保护环境等社会效益。坚持科技人才在科研项目中发挥核心作用，对技术路线、科研项目管理具有灵活自主决定权，最大程度激发人才潜力。

⑤构建大湾区一体化科技市场

一是以“创新集群”加强大湾区区域产学研创新协同。“创新集群”（innovation cluster）是全球科技创新发展的趋势，也是粤港澳大湾区建设综合性国家科学中心的独特优势。“深圳-香港-广州”创新集群连续多年位列全球第二，仅次于日本的“东京-横滨”创新集群，表明大湾区内部城市间的创新合作非常活跃。一方面要推动香港国家重点实验室、工程技术研究中心等载体与深圳、广州等城市的实验室、大科学装置等开放共享，共建科技设施网络。另一方面要搭建跨境科技成果转化平台。在“深港创新圈”等基础上，在前海合作区、河套深港合作区、光明科学城等特定平台，建设产学研一体化基地，大力引进科技中介服务机构和合同研究组织（CRO）等组织。

二是粤港澳共同设立科创基金。由广东省政府和港澳特区政府科技部门牵头，统筹设立政府引导、市场资本参与的科创基金，用于支持以粤港澳高校、科研院所、研究中心、新型研发机构为试点，开展基础研究和应用研究基金资助计划。并根据实际需要，逐年增加科研合作计划项目的资助范围、加大科研基金资助力度，提高粤港澳科研合作项目在科技创新研发支出中的占比，发挥两地政府推动“基础科研+成果转化”的积极作用。

三是以河套合作区为“小切口”，建设“中国科技特区”，探索科研要素跨境高效便捷流动政策体系，打造全球科技枢纽。争取科技部等部委支持，在河套深港科技创新合作区实行最开放的科研制度和最宽松的科技政策，针对性打造“中国科技特区”。首先，对合作区要素跨境流动作出特殊安排，实现“通关自由”。如科研人员通关方面，对于进出合作区的国际科研人员，颁发多次出入、时间灵活的特殊签证，实现国际科研人员“无感通关”。科研物资通关方面，出台合作区深圳园区专项特殊监管政策，构建专属海关监管模式。科研资金方面，在确保金融安全的前提下，实行有别于一般外汇进出、最为宽松便捷的特殊监管政策。其次，对合作区科技创新环境作出特殊安排，推动“研究开放”。如实行便利获取知识产权的开放政策，即在专利形成前，允许知识产权无偿获取和使用；在合作区允许合格的香港及国际科研机构在《中华人民共和国生物安全法》框架下开展干细胞、基因治疗等研究和应用。再次，对合作区信息跨境流通作出特殊安排，强化“数据支撑”。在合作区建设“国际数据港”，加大力度开展国际互联网访问跨境数据流动试点。在合作区内探索与美国、欧盟等有关数据保护、交易等方面的规则对接。

5.4 对辽宁的启示

5.4.1 国内外科技创新中心成功经验总结

国内外科技创新中心建设围绕和服务国家战略需要，以服务打造国家战略科技力量为关键，以汇聚引育一流科技人才为核心，以产学研融合发展为重点。辽宁建设具有全国影响力区域科技创新中心，需要深入系统地分析国内外科技创新中心发展特征，从而找准辽宁的战略定位和未来发展特色。

（1）战略目标必须紧扣发展需要

习近平总书记对新时代东北地区科技创新提出明确要求：要主动对接国家战略需求，整合和优化科技创新资源，加大研发投入，掌握更多关键核心技术。国内外建成的科技创新中心都将战略目标定位在破解国家现代化建设“卡脖子”的关键技术、核心技术方面，发挥出科技创新产业集群强大的科研攻关能力，集中力量攻克技术难题，为经济社会发展提供源源不断的科技创新驱动力。通过区域科技创新中心的建设，发挥好科技创新驱动示范作用，产生良好的经济效益和社会效益。辽宁在建设区域科技创新中心的过程中要将战略目标定位在服务国家重大战略、维护五大安全、推动新时代东北地区新一轮全面振兴全方位振兴的基础之上，在破解我国现代化建设“卡脖子”的关键技术、核心技术方面，发挥好科技创新驱动示范作用，产生良好的经济效益和社会效益。

（2）战略定位必须锚定科技前沿

习近平总书记要求东北地区积极培育新能源、新材料、先进制造、电子信息等战略性新兴产业，积极培育未来产业，加快形成新质生产力，增强发展新动能。加快发展风电、光电、核电等清洁能源，建设风光火核储一体化能源基地。从已建成科技创新中心的战略定位来看，无论是上海市的超强超快激光装置、合肥市的稳态强磁场实验装置还是北京市的正负离子对撞机、粤港澳大湾区的脑模拟与脑解析设施，毫无疑问都属于当今国内乃至世界范围科学技术的前沿阵地。区域科技中心将战略定位于这些高精尖的科学前沿领域，其科技成果覆盖经济社会各个领域，具有十分重要的意义和价值。从目前的实际情况来看，这些区域科技创新中心不但是区域科技发展的“领头羊”，而且已经在部分研究领域成为全国乃至全世界的科技“高地”。

辽宁在创建区域科技创新中心的过程中，战略定位要清晰，即开展一批基础研究、前沿交叉、战略技术和颠覆性技术等领域。面向新材料、精细化工、高端装备制造、半导体芯片制造设备和工业基础软件等优势产业，聚集产学研协同联动的多个创新主体共同建设，重点以建设世界级高水平产业基地为导向，按照原创颠覆性技术、关键技术和系统集成及示范应用等三个层次部署全链条的创新项目。

（3）体制机制必须科学完善

从国内外成功案例的经验可以看出，已建成的科创中心具备非常完善的体制机制，用以确保区域中心建设、生产研发、人才培养等核心业务的顺利开展。这些区域科技创新中心都具备“国家-省（州）-市”多级联动的运行管理体制，各级政府促进科技创新发展的政策措施可以在区域科技创新中心建设过程中实现“一体化运行”，极大降低了运行管理成本。此外，各地政府还制定了完善的配套政策，在土地流转、生产要素转移、人才培养、资金支持、金融信贷等方面提供了高效的保障措施。在政策措施的保障之下，四大区域科技创新中心的体制机制建设不断完善，为高质量发展注入了强大的动力。辽宁必须以需求为导向，以科研任务为牵引，积极探索新型研发机构组织模式，打破制约科技创新的体制束缚，在实践载体、制度安排、政策保障、环境营造等方面下功夫，在创新主体、创新基础、创新资源、创新环境等方面持续用力，推动科技创新力量布局、要素配置、人才队伍体系化和协同化，构建高效运行的科研体系，建立支持区域科技创新“新型举国体制”。

（4）运行管理必须展现高效规范

运行管理高效、规范是科技创新中心另一个主要特点。正是由于科技创新中心具备了非常高效规范的运行管理体制，许多科技创新型企业才能够实现高效的协调联动，形成优势互补的集群效应，在短时间内突破科技创新障碍，以规范高效的运行管理实现区域科技创新中心建设的不断提质增效。辽宁在创建区域科技创新中心的过程中，要充分借鉴和学习北京怀柔综合性国家科学中心运行管理模式及其成功经验，利用高效规范的运行管理打破技术壁垒，形成协同发展的新格局。

（5）经费投入必须多元充足

区域科技创新中心建设需要稳定而雄厚的资金投入。在国内外科技创新中心建设发展的过程中，体现出了非常明显的资金投入多元化的特点。一方面各级政府利用公共财政资金，发挥好公共财政资金投入“稳定器”和“指挥棒”的作用，根据区域科技中心发展的实际需要稳步增加资金投入。另一方面则充分利用社会资金，拉动社会资本参与区域科技创新中心建设运营，有效丰富建设资金来源，为区域科技创新中心的健康发展提供了雄厚的资金支持和保障。对于辽宁省来说，在创建区域科技创新中心的过程中必须坚持经费投入多元化的方式，彻底转变传统的过度依赖公共财政资金投入的模式，大胆探索尝试引入国内外社会资本，参与区域科技创新中心的运营发展，构建可持续发展的经费投入保障机制。

（6）成果转化必须坚持效率优先

促进实现科技创新成果高效率转化是科技创新中心的另一大显著特点。由于科技成果转化效率高，许多科技创新型企业获得了实实在在的利益，在研发资金投入等方面更加具有积极性和主动性，这就实现了区域科技创新中心发展的良性循环。辽宁在创建区域科技创新中心的过程中要坚持科技成果转化高效率的原则，打通区域科技创新中心技术创新、产品生产与市场对接的制度、机制、要素等渠道，打破各种壁垒阻碍，让区域中心的最新科研成果可以迅速转化为生产力和经济效益，实现区域科技创新中心的健康可持续发展。同时发挥辽宁区域中心的科技创新优势，成为国内、国际双循环发展格局下的创新枢纽。区域科技创新中心服务辽宁的同时，能够向吉林、黑龙江提供科技研发、高新技术和产品输出服务，辐射东北地区的高新技术产业发展，推进产业基础高级化、产业链现代化，形成围绕创新链的高度协同分工，实现东北地区高质量发展。

5.4.2 辽宁建设区域科技创新中心战略定位

借助科教优势转化为科技创新优势，建立健全以高水平实验室为引领的战略科技力量布局，推动辽宁实验室成为全省创新发展的重要力量，在国家重大科技基础设施布局中实现零的突破。重点要以国家战略需求、产业升级需要为导向，着力在提升创新平台能级、关键核心技术攻关、科技成果转化提速增效、引育科技人才队伍、科技体制改革攻坚上实现新突破。聚焦新材料、精细化工、高端装备制造、半导体芯片制造设备和工业基础软件等优势领域，集聚力量、合力攻关，解决一批“卡脖子”难题，为国家高水平科技自立自强贡献辽宁智慧。

5.4.3 建设特色辽宁区域科技创新中心

（1）体制机制创新的“政策特区”

辽宁区域科技创新中心，以需求为导向，以科研任务为牵引，积极探索新型研发机构组织模式，打破制约科技创新的体制束缚，在实践载体、制度安排、政策保障、环境营造等方面下功夫，在创新主体、创新基础、创新资源、创新环境等方面持续发力，推动科技创新力量布局、要素配置、人才队伍体系化和协同化，构建高效运行的科研体系。

（2）高水平创新资源的集聚地

充分发挥辽宁区域内大学、科研院所众多的资源优势，突出沈阳、大连在全省科技创新中的引领作用，以沈大国家自主创新示范区和高新区建设为主要抓手，布局高水平的省级科技创新平台网络，构建覆盖基础研究、应用研究、技术开发和产业化应用全过程的科技创新重大平台体系，集聚高端科技人才、资金、技术等创新要素，引导创新要素流动，成为东北地区创新资源的集聚高地。

（3）优势产业创新技术策源地

围绕国家区域的重大需求开展有组织攻关，主要开展能够切实促进辽宁发展的科技创新活动，为国家解决重大技术难题，为辽宁经济社会高质量发展提供原动力。面向新材料、精细化工、高端装备制造、半导体芯片制造设备和工业基础软件等优势产业，聚集产学研协同联动的多个创新主体共同建设，重点以建设世界级高水平产业基地为导向，按照原创颠覆性技术、关键技术和系统集成及示范应用等三个层次部署全链条的创新项目。

（4）科技活动和产业发展辐射地

辽宁区域科技创新中心是东北地区科技合作的主导者，在东北全面振兴全方位振兴进程中，通过专业化分工与吉林、黑龙江等城市区分开。充分发挥辽宁区域中心的科技创新优势，成为国内、国际双循环发展格局下的创新枢纽。区域科技创新中心服务辽宁的同时，能够向吉林、黑龙江提供科技研发、高新技术和产品输出服务，辐射东北地区的高新技术产业发展，推进产业基础高级化、产业链现代化，形成围绕创新链的高度协同分工，实现东北地区高质量发展。

第6章

辽宁建设区域科技创新中心的总体思路

辽宁建设具有全国影响力的区域创新中心，应立足东北，牢牢把握辽宁维护国家“五大安全”重要使命，牢牢把握高质量发展这个首要任务和构建新发展格局这个战略任务，锚定打造重大技术创新策源地，着力把科教资源优势转化为产业发展优势，发挥沈阳、大连“双核”辐射引领功能，集聚区域创新力量，布局建设国家重大科技基础设施、国家重点实验室和国家技术创新中心，加快突破更多关键核心技术，加快科研成果落地转化，以科技创新推动产业创新，大力发展战略性新兴产业，前瞻布局未来产业，推进颠覆性技术研发应用，培育更多新质生产力。为培育国家战略科技力量、实现科技自立自强提供重要战略支撑，为建设世界科技强国和创新型国家贡献辽宁力量。

6.1 发展主线

6.1.1 创新链一体化推进

党的二十大报告强调："必须坚持科技是第一生产力、人才是第一资源、创新是第一动力，深入实施科教兴国战略、人才强国战略、创新驱动发展战略，开辟发展新领域新赛道，不断塑造发展新动能新优势。"打造重大技术创新策源地是辽宁提出的新时代"六地"目标定位之一，也是辽宁建设具有全国影响力的区域科技创新中心的发展主线。要深刻理解和把握辽宁打造重大技术创新策源地的战略意义，打造重大技术创新策源地的目标定位，既是国家所需，又是辽宁所能，无论对于服务国家高水平科技自立自强，还是依靠科技创新推动辽宁全面振兴，都具有重要意义。

要站在推动国家科技自立自强的高地，在新的平台上做整体性、格局性的布局，锚定创新的全链条一体化，谋划区域创新中心的建设路径，着力实现"四大转变"：一是推动创新导向从以技术创新为主向以技术创新和原始创新并重转变，把原始创新摆在更加突出的位置，进一步强化基础研究、原始创新和关键领域、关键环节的科技保障能力。二是推动资源配置从以研发环节为主向产业链、创新链、资金链、价值链统筹配置转变，整合科研、产业、资本等重要资源，不断提高科技资源配置的精准度和有效性。三是推动力量布局从点状平台为主向体系能力整合提升转变，更加珍惜和更好发挥辽宁科教资源优势和产业基础优势，加快构建分工合理、协同有序的科技平台体系。四是推动体制机制从以单项政策为主向构建支持全面创新的体制机制转变，突出系统布局、系统组织、跨界集成，更加突出科技治理能力现代化建设，形成推进科技创新的强大合力。

6.1.2 集聚核心功能

科技引领“老字号”“原字号”“新字号”发展都需要技术的改造提升，新一代信息技术、人工智能技术的融合发展，数字技术拓展产业生态等，但三类产业存在的问题和难点不同，科技引领发展的侧重点有所不同。

（1）科技创新引领“老字号”产业发展的重点路线

“老字号”产业的主要问题是缺乏核心技术、关键核心技术被“卡脖子”、自主创新能力弱、与新一代信息技术等融合发展不足等，导致产品市场竞争力不强，产业发展内生动力不足。鉴于以上问题，科技发展要引领“老字号”产业改造升级，重点路线包括以下三个方面：

第一，科技创新提升产业基础能力。产业基础能力是产业核心竞争力的体现，是数字化、网络化、智能化的基石。通过科技创新引领，促进核心基础零部件自主可控，提升重大技术装备的质量和性能，增强部分关键领域基础材料的供给能力等，增强产业核心竞争力和提升辽宁在全国和世界产业分工中的地位。

第二，促进制造业与现代服务业的融合。促进传统制造业向产业链两端的研发、检测、品牌、售后等服务部分延伸，做强生产性服务业。路线重点一是提升客户整体解决方案技术能力，引导和支持有条件的企业由提供设备向提供系统集成总承包服务转变、由提供产品向提供整体解决方案转变，促进制造业服务化发展；二是提升供应链管理服务能力，为客户量身定制个性化解决方案。

第三，促进传统制造业与新一代信息技术、人工智能技术、数字技术融合。加快推进信息化、智能化、数字化技术在研发设计、生产制造、经营管理、市场营销、运维服务等各环节的融合应用，大力发展网络化协同研发制造、个性化定制、云制造等智能制造产业，催生数字工厂、云上生态、智慧供应链等新业态。

（2）科技创新引领“原字号”产业发展的重点路线

原字号产业的核心问题一是污染废弃物排放带来的生态环境问题，随着碳达峰、碳中和任务的推进，产业发展受生态制约越来越大；二是产业链短，特别是石化产业“炼”有余而“化”不足、“粗化工”有余而“精细化工”不足、原材料有余而增值链不足，导致产业低端化，附加值低。基于以上问题，科技引领“原字号”产业发展的重点路线包括以下三个方面：

①发展节能低碳技术

大力发展化石能源清洁利用技术，重点发展煤炭清洁燃烧与高效发电、煤气化及制天然气、煤转化制取特种化学品、煤清洁转化与石油化工的耦合、二氧化碳的绿色高效利用技术。针对赤泥、硼泥、铝灰、菱镁尾矿及含镁固废、铜渣等特色工业固废，研发大宗工业固废无害化处置与资源化利用耦合关键技术与装备。加强节能领域关键技术与装备研发，构建固废资源协同治理、资源协同循环、区域协同管控的核心技术、产业装备，培育固废资源产业，实现矿业、建筑业和环保产业的协同发展。以清洁化、智能化、高效化为重点，加大石油、煤炭、电力等传统能源开发利用率，拉长产业链、提升价值链、扩大供应链。

②加强新能源技术攻关和产业布局

以可再生能源规模应用、区域性储能、氢能及燃料电池、先进核能为主线，布局技术路线图，加强多功能用途示范，促进多能融合长效发展。布局智能电网技术，重点发展电网安全、电力物联网与综合能源技术、新能源与储能并网控制技术、电力新型材料与设备。

③促进冶金、石化等产业链条向高端演进

促进冶金、石化产业强链、延链、补链，积极优化石化、钢铁、菱镁产业布局，引导产业集聚化发展，向产业链中高端发展。大力发展先进钢铁材料、先进有色金属及合金材料、先进化工材料、先进无机非金属材料等先进基础材料，突破高端轴承用钢等“卡脖子”技术，规划布局一批前沿新材料，满足“一代材料，一代装备”需求。

（3）科技创新引领“新字号”产业发展的重点路线

辽宁“新字号”产业发展的核心问题是战略性新兴产业的技术创新能力弱，“四新”经济发展滞后，新动能没有真正形成。科技引领“新字号”产业发展的重点路线包括以下三个方面：

①强化基础性、前沿性、战略性技术研究

强化基础研究，率先建设具有卓越竞争力的综合性国家科学中心和创新高地，重点围绕先进材料、机器人与智能制造以及相关交叉前沿领域，开展战略前沿技术、关键核心技术、颠覆性技术研究，为辽宁产业转型升级和战略性新兴产业、未来产业培育发展提供创新源头，为国家重大战略需求的基础研究提供有力支撑。

②大力发展制造业高端技术

立足辽宁装备制造业产业基础和科技优势，聚焦重大成套装备等重点领域，提升装备制造业自主研发、设计、制造及系统集成水平，引领装备制造业向中高端迈进。在智能机器人、制造技术及装备、重大装备制造及关键零部件等方向，加大关键核心技术、关键零部件及系统以及高档数控机床、智能机器人、燃气轮机、石化机械、矿山及工程机械、自动化生产线等智能成套装备的研发攻关。

③促进新一代信息、人工智能、数字经济等新兴技术加快发展

以国民经济及国家重大需求为导向，推动新一代信息通信技术在机器人、高端装备制造、汽车、石油化工、轨道交通等领域实现集成应用。面向智能制造领域的核心科学问题，形成集感知、控制、决策、执行等研究于一体的核心能力，不断产出具有国际影响力的原创成果。推进产业数字化和数字产业化，以数字技术引领“老字号”“原字号”产业数字化、智能化升级。

6.2 发展原则

6.2.1 需求导向，聚焦关键

面向国家重大区域战略、东北全面振兴等影响国家和东北地区产业发展的重点领域技术创新需求，加强顶层设计和主动引导，形成技术创新持续供给能力。面向国家战略需求和长远发展，要聚焦重大创新领域，加快推进国家实验室建设和全国重点实验室重组，优化国家科研机构、高水平研究型大学、科技领军企业定位和布局，完善国家科技基础条件平台体系，建立国家战略科技力量履职尽责、优势互补的协作机制。面向东北全面振兴的内在要求，要准确把握新时代东北振兴过程中建设全国区域创新中心的重大意义，进一步发挥各类科技基础设施和创新平台作用，集聚创新资源，围绕“五大安全”开展重大基础和前沿科学研究，提升重大产业技术创新能力，积极培育新兴业态，打造区域创新高地。

6.2.2 科学定位，前瞻布局

将坚持走集约化、内涵式发展道路，致力于优化创新体系布局，提升东北地区科技创新战略地位，聚焦做大做强先进装备制造、石化和精细化工、冶金新材料、消费品工业等4个万亿级产业基地和22个重点产业集群，深入推进产业创新、技术创新、协同创新和改革创新，在产业升级、科技创新、金融发展、人才集聚等方面加大政策扶持，加快构建以创新为支撑的经济体系和发展模式，实现以高质量发展为引领的可持续发展。围绕国家创新体系建设总体布局，形成国家技术创新中心、国家产业创新中心、国家制造业创新中心等分工明确，与国家重点实验室有机衔接、相互支撑的总体布局。

6.2.3 政府引导、市场运作

坚持有为政府和有效市场互补互促。一方面，区域创新中心建设离不开各级政府的大力支持，充分发挥政府在战略研究、规划引导、部门统筹管理、公共服务优化、政策法规供给、生态环境营造等方面的作用，强化技术创新与体制机制创新相结合，优化成果转化、人才激励等政策措施，积极破除政策机制障碍，深度参与并逐步推动科技体制机制改革创新。另一方面，区域创新中心建设要遵循市场规律和国际通行规则，充分发挥市场在资源配置中的决定性作用和各类企业的主体作用，不断壮大创新主体骨干力量，激发中小企业的创新活力，建立体制相对完善的创新技术交易市场。

6.2.4 优化整合，开放共享

科技创新要素的整合力是科技创新核心竞争力的前提。依托高校、科研院所、国家重点实验室等，发挥它们在项目和技术来源方面的禀赋优势，促进创新要素从“聚合”到“聚变”，加强跨区域、跨领域创新力量优化整合。统筹项目、基地、人才等创新资源布局，激活存量资源，促进创新资源面向产业和企业开放共享，持续推进共性技术研发平台、新型研发平台建设，鼓励转制科研院所更好发挥行业共性技术平台作用，提升为产业、企业服务效能。完善科技资源开放共享平台体系，加强科技资源统筹中心体系建设，优化整合全省科技资源开放共享平台，扩大科技创新券使用范围，进一步推动大型科研仪器、科技文献、科学数据等创新资源开放共享。积极参与“一带一路”科技创新行动计划，建设若干有影响力的国际科技合作基地，部署实施一批国际科技合作项目和外专项目，深化省际科技合作。

6.2.5 改革先行，优化创新生态

良好的创新生态，能为科技创新和科技成果转化提供肥沃的土壤。坚持聚焦小切口，深化改革，着力营造有利于推动科技成果加快转化的良好生态。加大政务服务力度，在平台建设、人才培养、应用场景打造等方面强化保障；坚持以市场需求牵引创新供给，完善科技成果市场化定价和交易等机制。完善成果评价和激励机制。深化科技成果评价改革综合试点，强化成果创新水平、转化应用绩效以及实际贡献的评价导向，纵深推进职务科技成果权属改革。促进央地联动和军民协同。建立常态化对接机制，更好形成促进科技成果高效转化的合力，加快构建各类创新主体互利共生、高效协同的创新生态。

6.3 总体目标

到2025年，具有全国影响力的科技创新中心初步建成，创新发展综合优势显著增强，关键技术攻关取得重大突破，初步形成相对完整的区域产业链供应链体系，科技体制改革的关键环节取得重大突破，科技创新成为引领高质量发展的关键引擎。

6.3.1 区域创新生态目标

——知识创造能力显著增强，打造创新策源新高地。大连先进光源、沈阳深部工程试验装置、海洋工程环境实验与模拟设施等大科学装置纳入国家战略布局，在深部工程、工业智能与系统优化、化工减碳等优势领域建成一批国家级创新平台，基础研究和原始创新全面加强，在先进材料、洁净能

源、精细化工、智能制造等领域形成一批国内外领先的原创性成果。

——知识获取水平明显提升，打造技术引领新高地。聚焦新材料、精细化工、高端装备制造、半导体芯片制造设备和工业基础软件等重点领域，关键核心技术取得新突破，重大技术创新成果涌现，加速迈向创新链、价值链中高端。到2025年构建实质性产学研联盟1 000个以上，攻克产业技术600项，研制创新产品300个以上，登记技术合同成交额达到1 200亿元，科技成果本地转化率达到60%。

——强化企业梯次培育，打造创新型领军企业集聚新高地。构建创新型企业培育梯队，致力打造一批以瞪羚企业、独角兽培育企业等为代表的创新型领军企业。到2025年，科技型中小企业达到3.5万家，高新技术企业达到1.5万家，"雏鹰""瞪羚""独角兽"企业达到6 000家。

——创新生态构建深入推进，打造协同创新新高地。创新要素流动更加顺畅，高端创新资源规模性集聚，风投创投资本加快汇聚，孵化育成体系日趋完善，重大科技创新平台共建共享，科技创新竞争力和区域带动力明显增强。

——科技创新赋能产业发展，打造产业协同创新新高地。高附加值的现代化产业体系加快构建，新产业新业态新模式持续显现，科技研发、高新技术和产品向周边区域输出能力显著增强，围绕产业链和创新链的高度协同分工更加完善，带动区域产业链安全稳定向高端化发展。

6.3.2 科技创新推动产业创新目标

到2025年，辽宁科技创新引领"老字号""原字号""新字号"产业转型升级和高质量发展的能力显著增强，经济结构和产业结构明显改善，产业基础高级化和产业链现代化水平大幅提升，产业竞争力明显增强。推动科技创新引领产业发展取得显著成效，在带动辽宁全面振兴、全方位振兴上实现新突破，支撑辽宁在全国现代化建设和创新型省份建设中走在前列。

——促进“老字号”突破一批具有全局性、前瞻性、带动性的关键核心技术和产业共性技术，在“卡脖子”技术领域产出一批自主创新成果，基本建成具有国际竞争力的先进装备制造业基地、国家重大技术装备战略基地。到2025年，全省工业机器人使用密度达20台/万人，规模以上装备制造业关键工序数控化率达到80%，高端装备制造业营业收入占装备制造业的比重30%，装备制造业重点产业链本地配套率达到62%。

——促进“原字号”低碳发展能力显著提升，在推进“双碳”目标任务上成效显著，产业链延链、补链、强链取得新突破，产业竞争力持续增强，基本建成国家新型原材料基地。到2025年，全省化工精细化率提升5%；主要钢铁企业全部完成超低排放改造，吨钢颗粒物排放量和吨钢二氧化硫排放量达到0.3千克以下，吨钢氮氧化物排放量要达到0.6千克以下；冶金新材料占冶金工业的比重达30%以上。

——促进“新字号”人工智能技术、生命科学、重大装备智能制造、新材料与材料科学、清洁能源技术、信息技术、航空航天等前沿和关键技术取得重大突破，大数据、云计算、区块链、数字经济等加快发展，新产业、新业态、新模式等新经济成为引领支撑全省经济发展的新动能。到2025年，制造业高端化、绿色化、服务化发展取得明显成效，产业数字化、数字产业化步伐明显加快，未来产业布局初显成效，新产业、新业态、新模式加速形成。高端装备占装备制造业比重达到25%以上，产业数字化融合指数进入全国前10位。

到2035年，建成具有全国影响力的区域科技创新中心，原始创新能力大幅提升，形成以一流大学、科研机构和创新平台为核心的科技策源体系。产业链现代化水平迈向全球中高端，世界级先进制造业集群优势全面形成，产业链、创新链、供应链跨区域布局全面优化，形成开放、包容、协同、高效的创新创业生态，打造成为东北亚科技创新网络的重要枢纽和具有国际影响力的活跃增长极和强劲动力源。

6.4　总体格局

要以战略驱动力、科学原创力、集群集聚力、产业辐射力、企业主导力形成的合力来争创区域创新中心，以沈阳、大连为中心推动地区科技创新主体有机融合来优化总体布局，以“一圈、一带、两区”的延伸路径不断扩大科技辐射圈、科创大走廊的辐射范围来促进区域协同共享，以推动平台服务化、资源市场化、人才多元化来创新体制机制。对接国家重大战略需求和重大科学前沿，完善重大科技创新平台布局，高质量建设沈大国家自主创新示范区，推动沈阳打造综合性国家科学中心，大连创建东北亚科技创新创业创投中心，推进创新型市（县、区）和高新区高质量发展，积极融入国家创新体系布局和国际科技创新网络，构建沈大“双核”引领、多点支撑、连接国内国际的全域创新格局。

——强化沈阳、大连“双核”引领。推进沈阳材料科学国家研究中心、师昌绪先进材料创新中心等国家级科技创新平台建设，开展重大领域原始创新和关键核心技术攻关，前瞻部署引领未来的基础研究，推动沈阳建设综合性国家科学中心，塑造“创新沈阳”核心竞争优势。高水平规划建设英歌石科学城，布局建设高效低碳燃气轮机试验装置等重大科技基础设施集群，加快大连区域性金融中心建设，推动大连创建东北亚科技创新创业创投中心，全面提升大连创新、大连创业、大连创投和大连智造的能级。

——优化多点支撑空间承载。推行“产业园区+创新孵化器+产业基金+产业联盟”一体化发展模式，推进高新区高质量发展，打造更多集中连片、协同互补、联合发展的创新共同体。推进创新型市（县、区）建设，推动大连市申报国家新一代人工智能创新发展试验区，推动盘锦等市创建国家创新型城市。立足各市特色，布局建设区域特色创新平台，推进“丹东产业技术创新与育成中心”、锦州“松山湖材料实验室辽宁（锦州）产业基地”、盘锦精细化工中试基地和“辽宁（东戴河）‘带土移植’转化中心”建设。

——构建连接国内国际的全域创新格局。探索建立“东北三省一区”高新区产业协同创新工作机制，深度对接国家重大区域发展战略，推动跨区域联合攻关，深化异地孵化、飞地经济、伙伴园区等多种合作机制，积极融入国家创新体系布局。积极参与科技部共建“一带一路”科技创新专项行动，培育共建“一带一路”联合实验室或研发中心，主动融入国际科技创新网络。

第7章

加快建设区域创新中心的路径研究

习近平总书记指出："推动东北全面振兴，根基在实体经济，关键在科技创新，方向是产业升级。"辽宁建设区域科技创新中心应立足辽宁，着眼东北，服务全局，准确把握区域科技创新中心的功能定位和发展方向，向上对接国家重大科技发展战略，向下带动区域产业技术创新，时不我待推进科技自立自强，只争朝夕突破"卡脖子"问题，为加快建设有特色优势的现代化产业体系、开拓高质量发展振兴之路提供强大支撑。

7.1 推进重大科技创新平台建设，提升创新策源力

7.1.1 提升省级重点实验室创新能级

加强以省级重点实验室为代表的基础研究平台建设，是提升区域原始创新能力、增强自主创新成果源头供给的重要途径。集原创性、基础性、公益性、开放性等特质的省级重点实验室，在开展基础和应用基础研究、关键共性技术研究、培养集聚学术带头人和创新团队、促进高水平开放合作方面具有独特优势，是科技创新体系的重要组成部分，在知识创新、技术创新中发挥着重要作用。2023年中央经济工作会议指出，“要以科技创新推动产业创新，特别是以颠覆性技术和前沿技术催生新产业、新模式、新动能，发展新质生产力”。省级重点实验室进一步明确定位使命和目标任务，加快应用研究与基础研究结合、创新链与产业链精准对接，通过有组织科研推进原创性、引领性创新，着力解决关键核心技术难题，实现产业链的补链强链，推动传统生产力跃升为新质生产力，以科技创新引领现代化产业体系建设。

要充分发挥辽宁材料实验室、辽宁辽河实验室、辽宁滨海实验室、辽宁黄海实验室等平台作用，明确主攻方向，在新材料、高端制造装备与自动化系统、工业互联网前沿技术、清洁能源与材料、高端装备核心零部件及工艺设计等领域加强原始创新和前沿探索，抢占未来发展制高点。争取“大连先进光源”正式立项。理顺完善辽宁实验室机制体制，落实配套政策，加强服务保障，实现高质量运行。支持辽宁实验室与辽宁头部企业加强战略合作，共建产业技术创新中心。辽宁实验室要更加注重绩效考核，建立以业绩、成果和贡献为标准的绩效考核体系，坚持定期评估和分类考核制度，完善重点

实验室考核评价体系和评价标准，将承担完成国家及省重大科技任务、科学贡献、人才培养和创新效能、健全人员分类管理与激励机制等作为重要考核评价指标，加强绩效评价结果的应用，实现有进有出、优胜劣汰，激发重点实验室创新活力。

7.1.2 积极争取国家级标准创新平台

国家创新平台具有聚集资源、营造生态的功能，有利于将企业“真需求”与科研单位的“好成果”有效对接，对于攻克关键核心技术尤其是产业共性技术瓶颈具有重要作用，已逐步成为我国吸引高端人才的“蓄水池”和推进区域科技创新发展的有效载体，其高质量发展对于实现我国科技自立自强具有重要意义。经过近40年的探索，我国已初步形成多主体参与、多层次建设、创新资源高度集聚的国家创新平台体系，为科技创新发展注入了巨大动力。2021年，“打造创新平台和新增长极”被纳入“十四五”规划纲要，为新时期国家创新平台建设提供了重要指引。党的二十大报告提出，“完善科技创新体系。坚持创新在我国现代化建设全局中的核心地位”“加快实施创新驱动发展战略”“以国家战略需求为导向，集聚力量进行原创性引领性科技攻关”，并将“实现高水平科技自立自强，进入创新型国家前列”作为2035年发展的总体目标之一。这就要求国家创新平台建设要从数量建设为主向质量建设为主转变。

高能级的国家创新平台是打造区域创新中心的关键支撑。辽宁要积极争取国家级标准创新平台。实施优势技术、前瞻技术领域标准突破专项，争取承担更多的国家技术标准创新基地、国家标准验证点及国家级质量标准实验室等，强化产业共性和创新引领性技术标准的研制与应用，支撑辽宁技术优势向标准规则优势转变。引导省内高校、科研单位、行业龙头企业围绕高端精密制造、深部工程与智能技术等优势领域争创国家重点实验室。加强对具备升级国家级创新平台和布局辽宁的国家创新平台的政策扶持。积极推进现有国家重点实验室和具有竞争力的科研团队与力量更多纳入新的全国重点实验室的管理序列，支持辽宁实验室等省内重大创新平台进入国家创新试验基地。组建省级标准创新平台，着力补齐辽宁先进标准研制与应用短板，围绕创新链、产业链整合标准化要素资源，启动首批省级技术标准创新中心建设，推动与企业技术中心、技术创新中心等联动贯通，及时制定新技术、新产品、新业态、新模式推广所需技术标准。

建立合作平台。支持国际国内研发机构在辽宁企业建立标准工作站，推动前沿应用类研究项目的中试完成和标准验证。设立驻辽国际、国家技术标准组织服务平台，进一步优化畅通辽宁企业参与国际、国家标准化活动的路径。服务全省重点产业链，支持企业标准创新共同体建设，促进链上标准、技术协同。

7.1.3 加强企业技术创新平台建设

企业技术创新平台具有技术转移、技术研发、资源共享、孵化企业等功能，是地区科技创新创业生态孵化体系的重要组成部分，更是科技进步、社会发展、经济增长的加速器，对转方式、调结构、稳增长具有重要的载体支撑作用。辽宁要全力争创国家技术创新中心，集聚整合科研力量和创新资源，全力推动一批优势技术创新中心创建为国家技术创新中心。布局建设一批省级技术创新中心，依托创新能力突出的领军企业、高校和科研院所，整合产业链上下游优势创新资源，布局建设一批省级技术创新中心，构建“产学研用金”协同创新的生态系统。重点在炼化一体化与新材料、汽车及零部件、智能制造等具备优势的关键技术领域争创省级技术创新中心。支持骨干企业建设重点企业研究院，有机整合企业内外部创新资源，开展企业技术攻关，强化企业技术储备，建立和完善有利于自主创新的组织机构、管理制度和运行机制。鼓励企业自建或与高等院校、科研院所联合组建市级重点企业研究院。支持高新技术产业领域中的创新型骨干企业带头建设重点企业研究院。支持高新技术企业、科技型中小企业建设企业技术研究中心，开发具有广泛市场前景和自主知识产权的新技术、新工艺、新产品，帮助企业赢得市场主动权，提升企业行业竞争力。加速科技成果转移转化，促进高新技术产业化，培育高水平研发人员和工程技术人员，推动区域经济和产业发展。

7.2 加快创新载体建设，优化创新资源布局

7.2.1 强化高新园区创新主阵地作用

加快高新区战略科技力量培育，推动高校院所、科技领军企业等战略科技力量在高新区布局，通过联合共建等方式集聚高水平科技平台、中试基地、产业技术研究院等创新资源，建设集基础研究、应用研究和产业化为一体的创新核心区、科技城。加强高新区与高校院所沟通联动，建立常态化沟通协调机制，推动其科技成果在高新区落地转化，争创沈大鞍国家科技成果转移转化示范区。实施高新区科技企业孵化器和众创空间培育提升计划，引导各地高新区构建“众创空间—孵化器—加速器—产业园”全链条孵化体系，积极打造标志性区域孵化平台，重点建设一批孵化项目和孵化特色园区，不断壮大科技企业孵化器和众创空间规模。积极开展高新区创新发展绩效评价，推动丹东、盘锦等省级高新区争创国家级高新区，提升沈阳、大连、鞍山等国家高新区综合实力，力争位次前移，遴选有条件的科技园区建设省级高新区。

7.2.2 强化沈大国家自主创新示范区的引领示范作用

推动沈大自创区开展科技企业梯度培育工作，搭建企业在线服务平台，提供入库申报、政策解读、监测分析等服务。培育壮大新兴产业集群，梳理产业链条、骨干企业和创新资源，支持骨干企业开展重大技术攻关，积极对接全球高端产业资源，开展跨区域、跨园区新兴产业合作。先行先试中关村典型经验，在沈大自创区开展政策改革试点。定期举办新兴产业论坛和科技成果对接洽谈会，形成资源集聚的良好态势。叫响“沈大自创区”品牌，扩大载体品牌、产业品牌、活动品牌以及企业品牌影响力。沈阳要依托沈阳中科院机器人与智能制造创新研究院、东北大学、新松机器人联合建设国家级制造业创新中心。大连要建设中国科学院大连科教融合基地，包括中科院大学能源学院、清洁能源国家实验室以及东北首家国际领先的重大科技基础设施——大连先进光源基地。

7.2.3 高标准建设沈阳浑南科技城、大连英歌石科学城，集聚高水平研发力量

沈阳浑南科技城应突出抓好创新平台建设，高标准推进国家及省级实验室建设，争取一批重大科技基础设施、高能级研发实验平台布局，着力建设中试、孵化和产业化基地，精心策划高水平科技创新论坛，强化产业集聚发展，提升先进材料、智能制造、信息技术、生命健康、数字文创等主导产业竞争。大连英歌石科学城应强化“科研+科学家+城市”深度融合，围绕洁净能源主线和智能制造、生命健康、海洋工程等多个前瞻性方向的“1+X”研究领域集聚高端平台。

7.3 强化企业创新主体地位，推动企业竞相发展

7.3.1 壮大科技型企业群体

研究制定科技型企业倍增计划实施方案和相关配套政策，加快培育更多本地化科技型中小企业，充分发挥政府在产业发展中的宏观引导和扶持作用，以行政审批制度改革为抓手，以优化产业规划为载体，重点研究产业定位和产业发展方向，不断加强政府在政策、资金、金融、信贷和税收等方面扶持和引导，扶持科技型企业向集群方向发展。积极引导中小企业聚焦辽宁延链补链强链，专注核心业务，加强零部件、元器件、配套产品和配套服务，培育更多中小企业成为“单打冠军”和“配套专家”。优化科技企业孵化育成体系。持续完善创新型中小企业—“专精特新”中小企业—专精特新“小巨人”企业—制造业单项冠军企业梯度培育体系。完善孵化育成评价体系，提高科技型中小企业和高新技术企业培育权重，充分发挥好众创空间、科技企业孵化器、加速器、大学科技园、星创天地等平台载体作用。加强孵化载体专业孵化能力建设，提升科技企业招商和培育的可持续发展能力。探索科技招商新模式。开展大学科技园进园区、高新区科技招商、辽宁省创新创业大赛等活动，遴选培育一批科技创新力、价值创造力、生态主导力、国际竞争力强的科技领军企业、产业链“链主”企业，强化这些企业在战略性产业集群的融通带动、引领示范作用。推动形成“领军企业＋产业园区＋大院大所”协同创新模式，打造大中小企业创新协同、产能共享、供应链互通的产业创新生态。发挥产业投资基金和科创母基金作用，支持并购具有原创性技术、稀缺资源的优质企业，鼓励“投早”“投小”“投硬科技”，提供优

质科技企业定向金融服务。围绕投资基金已投资项目，结合产业链上下游，有针对性地做好项目落地产业园区的“一条龙”招商服务。支持企业组建创新联合体。发挥好企业“出题人、答题人、阅卷人”作用，支持产业链“链主”企业、龙头企业和领军企业聚焦战略性产业集群，连接科研院所、高等院校和各类科技企业，牵头组建体系化、任务型的创新联合体，利用行业上下游产学研用力量开展跨领域协作，推动科技企业成为科研攻关的主力军，提升产业链协同创新水平。

7.3.2 激发国有企业创新活力

深入实施科技企业培育、科技平台建设、科技人才引育三个工程。新建一批高水平科技创新平台和实质性产学研联盟。引导国有企业建设高水平研究机构和创新团队，与高校院所联合打造一批产业技术协同创新平台，在承担国家重大科技任务、突破产业关键核心技术等方面发挥重要作用。发挥辽宁控股集团、辽宁新动能产业投资基金等国有资本投资运营公司的作用，积极推动国有资本向主责主业、高新技术领域、新兴产业集中。加快推进国有企业推进数字化转型。全面落实国家及省关于企业股权和分红激励政策。优化国有企业科技创新人才管理体系，鼓励试点设立总工程师、技术总监、首席信息官等技术管理岗位，建立符合企业发展和技术创新的技术序列晋升通道。

7.3.3 构建高质量产学研联盟

围绕建设4个万亿级产业基地和22个重点产业集群，持续强化行业骨干企业“盟主”地位，以提升产业链韧性和竞争力为重点，推动创新资源向企业集聚，引领企业、高校和科研机构共同奔向市场，布局一批产学研联盟。强化利益联结，促进联盟内各成员单位在研发目标、分工协作、产出成果、利益分享等方面的实质性合作。探索构建“盟榜带”新机制，实施“揭榜挂帅”科技攻关组织方式，“带土移植”引进科技人才团队，推动关键核心技术攻关取得新突破。加快建立联盟运行机制，健全联盟利益分配机制，以便提高联盟动力、学习效果、诚信度、联盟运行效率与效果，保证联盟利益分配的公正性与客观性，从而进一步提高联盟成员合作的积极性。在联盟组建过程中，政府应协调企业界与产业界的利益分歧，推动建立适合现阶段联盟发展的运行机制，包括联盟成员的进入退出机制、联盟成员之间的沟通协调机制、联盟运行成果的利益分配机制、联盟成员之间的风险承担机制和联盟内部的监督自律机制。建立专门的管理机构，协调联盟各方利益，完善管理人员的专业结构，强化管理人员的服务意识，提升管理人员的服务水平。加强监督管理职能，对联盟的整体运行情况进行跟踪。建立联盟运行绩效评价机制，跟踪联盟行为的合理性、联盟运行的效果和联盟行为效率等情况，对联盟的发展势头进行分析和评判，以便政府能够及时调整对联盟的支持措施。

7.3.4 强化大中小企业科技创新协同

大中小企业都存在融通创新的强劲动力。大企业主要出于寻求最低成本条件下的问题解决方案：寻求已被市场培养和验证的人力资源；寻求已经充分试错的战略发展新方向。对于中小企业而言，大企业是资源的拥有方，中小企业是资源的渴求方。中小企业与大企业合作有更强的积极性。科技创新发展既要靠顶天立地的大企业，更离不开铺天盖地的中小企业。在科技创新占主导的商业情境下，企业的创新模式正从单打独斗走向众创、共创、广域协同，大中小企业不再是独立割裂的个体，而是以创新创业为纽带紧密地联结在一起。大企业向中小企业开放资源、共享能力，以数据和资源赋能中小企业。中小企业在新的产业形态下实现快速迭代，创新成果通过创新链、供应链、数据链回流大企业，为大企业注入活力。因此，积极引导产业链头部企业与中小企业围绕创新开展合作，聚焦电子信息、新材料、生物医药等重点产业链，打造以创新型领军企业为龙头的“头部企业+中小微企业”协同创新生态圈，促进民营重点企业做大做强做优。通过建立“大企业+创新单元”创新模式，促进全省大中小企业协同创新。支持中小企业参与头部企业“整零共同体”建设，围绕产业链创新链的堵点卡点，积极构建上下游企业协同创新联合体和稳定配套联合体，推动产业链式集群规模化发展。加强国有企业与中小企业创新联动，在技术攻关、载体培育、体系建设等领域形成合力，谋划启动一批科研项目与中小企业联合攻关项目。

7.4 全力打好关键核心技术攻坚战，破解重点领域“卡脖子”难题

7.4.1 加快解决“卡脖子”难题

面向辽宁振兴重大战略需求和国家重大紧迫需求，对照“卡脖子”技术和高精尖缺技术、国外封锁技术清单，开展设立辽宁溯源性基础理论研究专项研究计划和关键核心技术攻关计划，加大力度支持“高精尖缺”和“卡脖子”领域全链条创新的研究成果。围绕4个万亿级产业基地和22个重点产业集群的创新需求，建立“高精尖缺”技术及产品需求清单，实施一批“揭榜挂帅”项目，在新材料、精细化工、高端装备制造、半导体芯片制造设备和工业基础软件等领域，解决一批“卡脖子”难题，攻克一批产业技术，研制一批创新产品。聚焦集成电路装备、数控机床等优势领域方向，积极争取承担国家科技重大专项等重大科研任务。攻关前沿颠覆性技术，加快传统产业

转型升级和新兴经济培育。围绕高端装备、新一代半导体、人工智能等重点前沿领域，精准部署重大科技攻关项目。

7.4.2 加大基础研究支持力度

基础研究难度大、周期长、风险高，是一个长期的过程，大多是在没有考虑实际应用的情况下进行的，研究成果带来的是对自然、社会及其规律的普遍认识和理解，需要发挥好财政尤其是中央财政的作用，加强对高校和研究机构基础研究中心的支持，长期的公共资金投入尤其重要。贯彻落实国家基础研究十年行动方案，研究制定辽宁实施方案。持续加大基础研究财政投入。对基础研究的重点领域给予更多倾斜，对地方、市场和社会力量难以有效配置资源开展研究的基础科学领域加大省级财政投入力度，支持地方政府结合本地区经济社会发展需要加大对相关基础研究投入。依托沈阳浑南科技城、大连英歌石科学城以及“双一流”建设高校等，加强数学、物理等重点基础学科建设，强化基础科学研究。鼓励社会各界以捐赠的方式加大对基础研究的投入，将社会捐赠资金纳入科学基金统筹安排用于资助基础研究。支持有条件的院校和创新平台创建基础学科研究中心，引导企业和高校加大基础研究投入，探索地方、企业和社会力量共同支持基础研究的多元化投入机制。组织实施好国家自然科学基金区域创新发展联合基金、省自然科学基金及联合基金。

7.4.3 推动科技成果转化提速增效

一是大力推动科技成果中试促进科技成果转化。积极延伸创新链，将科技成果中试研究纳入科技创新支持体系，设立中试科技专项。将科技成果中试纳入产业建圈强链体系，在中试管理制度创新、产业政策配套等方面给予支持。大力加强中试基地建设，以“科学家+企业家+工程师”模式，在支柱产业中，选择条件好的大中型企业，由地方或行业出资，建设若干设施先进的行业中试中心。资助重点科研院所建立自己的中试基地。由研发能力和经济实力较强企业自身建立中试基地。鼓励科研机构、高校、大中型企业联合建立工业性试验基地。完善有利于中试基地建设的配套政策，对中试基地建设给予资金扶持，拓宽中试环节投融资渠道。积极探索建立中试风险承担机制和中试成果分享机制。二是健全技术评价和成果评估机构促进科技成果转化。以政府主导，建立权威高效的信息平台，畅通信息共享渠道，提供充分的科技成果信息和技术需求信息，为科技成果转化提供有效的服务。建立权威的市场化的技术评价与科技成果定价评估机构，以合理的科技成果估值促进科技成果转化应用。三是大力培育市场化成果转化主体促进成果落地转化。培育具备提供技术、法律、金融、管理等全方位服务的科技成果转化的市场化主体，真正打通科技成果供需双方的成果转化渠道。为促进上述市场化主体的建立提供政策支持和资金扶持。加快培养一支高素质的懂经济、法律、技术，了解市场和善于经营的技术经纪人队伍，为上述市场化主体的建立提供人才支撑。四是鼓励企业建立研发机构促进科技成果转移转化。鼓励企业特别是大中型企业建立研发机构或技术中心，在提升企业研发能力的同时，提高企业承接高新技术的能力。大力支持高校、科研院所与企业共建研发机构或技术中心，缩短科技成果供需双方距离，大力提升成果转化效率。以企业需求为导向、项目为牵引，政府牵头建立长效机制，组织企业、高校、科研院所参加的产学研项目。

7.5 做优“老字号”，促进区域产业改造升级

7.5.1 加快提高技术创新能力

一是强化创新平台建设。鼓励“老字号”企业设立国家、省、市级重点实验室、工程实验室、工程（技术）研究中心、制造业创新中心、企业技术中心等各类创新载体。鼓励企业与高校、科研院所等开展技术合作，共建技术创新联盟、研究院等新型研发机构。二是强化企业作为创新主体的地位。围绕重大成套装备、“卡脖子”技术装备、关键共性技术、核心零部件等领域开展产学研用联合攻关，以企业为“盟主”构建实质性产学研联盟，形成一批为优势产业赋能的技术创新成果。三是支持企业承担国家科技专项。支持沈阳机床、大连光洋等企业承担高档数控机床与基础制造装备、辽宁通航研究院承担国家民机科研等科技专项。支持科技型中小企业广泛参与龙头骨干企业、高校、科研院所等牵头的科技项目，组建创新联合体“揭榜攻关”。四是加快推进科技成果本地转化。大力支持高校院所基础研究投入，引导高校院所围绕产业发展需要确定研究方向，提升基础研究水平和原始创新能力，为产业发展提供一批可转化的成果。积极搭建本土企业与中直科研院所合作桥梁，支持以科技成果入股等形式，加快推动科技成果产业化。探索“项目+团队”的引才方式，让更多人才、技术、项目、团队“带土移植”，为“老字号”改造升级增添动力。

7.5.2 大力实施产业基础再造工程

开展基础零部件/元器件攻关行动，加快精密轴承、电主轴、高档数控

系统、钛合金精密铸件等关键部件的攻关突破。积极推动成套装备企业与基础材料企业、零部件企业加强合作，支持装备首台（套）、材料首批次、软件首版次的推广应用。重点发展装备制造业基础制造工艺、装备制造业重点领域先进工艺、原材料领域先进基础工艺、消费品领域先进基础工艺、电子信息产业先进基础工艺等。鼓励和支持相关行业加快先进标准的研究和制订，提升可靠性试验验证、计量检测、标准制修订、认证认可等产业技术基础能力，为产业发展提供支撑。

7.5.3 加快推进数字化转型

一是加大装备制造业企业数字化改造力度。充分发挥应用场景资源和数据资源优势，推动数字技术在装备制造企业的应用，提高企业研发设计工具普及率、关键工序数控化率，推进生产线全流程数字化。二是围绕重大成套装备、节能与新能源汽车、机器人及智能装备、数控机床等重点领域，持续实施企业“上云用数赋智”行动，充分利用“数字辽宁智造强省”财政专项资金，支持企业利用5G、工业互联网、云计算、大数据等新技术进行技术改造，加快实现业务、数据和设备上云上平台，推进重点装备企业开展工业互联网标识解析二级节点建设。三是加快工业互联网创新发展，加强工业互联网网络、平台等体系建设，发展基于平台的数字化管理、智能化生产、网络化协同、个性化定制、服务化延伸等新模式。培育一批“制造业+工业互联网”重点项目。支持有条件的地区建设省级工业互联网产业基地，支持行业骨干企业在新一代基础网络、工业互联网平台等方面开展试点，遴选一批建设成效明显，能够形成可推广、可复制模式的企业，确定为省级工业互联网标杆企业。四是加强对底层操作系统、高性能芯片、基础工业软件、工业传感器等基础技术、关键共性技术的研发创新支持，促进“政产学研用金”协作，加快突破数字领域的技术瓶颈，推动新一代数字技术的产业化及在制造业的应用。

7.5.4 推进企业智能化改造

一是支持企业运用智能技术和智能装备实施技术改造，推进人工转机械、机械转自动、单台转成套、数字转智能，开展“机器换人”“设备换芯”“生产换线”的智能化改造升级。重点推进沈阳富创航空零部件精密制造产业化、沈阳远大压缩机智能制造等项目。二是围绕成套装备、汽车制造、机器人等重点领域，重点在企业生产管理、工业控制两大系统互联和集成领域开展智能化改造试点，提高政策和资金的指向性精准性有效性，促进制造工艺仿真优化、制造过程智能化控制、生产状态信息实时监测和自适应控制。三是以厂内纵向、厂间横向和用户端三大集成为重点，支持企业实施设备互联、数据互换、过程互动、产业互融，逐步建立面向生产全流程、管理全方位、产品全生命周期的智能制造模式，重点推进华晨宝马工厂等一批重点企业率先开展智能升级改造，集中梳理一批有条件的企业开展生产智能制造项目和建设，打造一批高标准智能工厂。

7.5.5 大力发展智能装备和智能产品

一是加强智能成套装备研制。依托智能车间、智能工厂的建设以及传统制造业智能转型需要，重点开发高档数控机床、工业机器人、增材制造装备、智能检测装备、智能物流装备、智能装配装备、智能输变电装备等一批标志性的重大智能成套装备，推动在企业设备更新改造中的推广应用。二是加快智能制造关键零部件研发。围绕感知、控制、决策、执行等核心关键环节，重点突破智能控制系统、精密和智能仪器仪表、大功率伺服电机、精密减速器等高性能、高可靠性的关键基础部件和功能部件。三是加快发展智能终端产品，尽快编制辽宁智能装备产品目录。积极发展并推广核电检测、电力智能巡检、警用排爆、管道检测等特种作业机器人，手术、康复、护理、协作等服务机器人，消费类、商用类无人机，智能网联汽车等。

7.5.6 加快发展服务型制造

一是支持引导装备龙头企业发展科技服务等生产性服务业，推动企业由主要提供产品向提供“产品+服务”转变。发展远程运维服务，鼓励企业建设远程运维平台及专家系统，实现运维服务平台及生命周期管理系统、客户关系管理系统、产品研发管理系统的协同与集成。二是发展系统集成服务，支持企业由装备制造商向系统解决方案供应商转变，支持头部企业联合产业链上下游企业，为用户提供产品全生命周期服务，开展工程总承包服务，承接“制造+服务”的交钥匙工程。三是推进研发服务，鼓励企业、高校、科研院所充分利用创新资源，面向社会提供应用研究和试验活动等开放服务。四是大力发展工业设计产业。积极开展装备制造企业与工业设计机构精准对接，推进工业设计产业化，鼓励重点装备企业设立互联网型工业设计机构，发展工业设计资源网上共享、网络协同设计、众包设计、虚拟仿真等互联网工业设计新技术、新模式。

7.5.7 提高本地产品配套率

一是加强产业协同、产业链配套、企业协作，积极开展本地工业产品产需对接活动，多渠道、多方面宣传各类本地优质产品，鼓励支持“老字号”龙头企业带动省内配套发展，支持本地产品本地用，稳固产业链本地市场。推进装备企业和原材料企业的合作，推动“一代材料一代装备”协同发展。二是进一步完善辽宁与江苏对口合作机制，推进产用结合、产需对接和产业链上下游整合，支持“老字号”企业与先进地区优势资源有机结合。依托辽宁产业资源优势和骨干企业竞争优势，吸引省外企业围绕配套需求投资建厂。三是积极培育专精特新企业，抢抓北交所开市的机遇，推动一批符合条件的中小企业在北交所上市。发挥股权基金、财政专项资金的作用，重点向培育科技型中小企业倾斜。鼓励“老字号”龙头企业“走出去”参与国际产能合作，带动辽宁零部件、原材料企业“走出去”。

7.6 做强“原字号”，完善区域产业链

7.6.1 冶金领域

聚焦钢材铝材精深加工、有色金属及合金产业和菱镁产业，支持鞍钢集团、本钢集团等企业技术装备升级，着力解决一批关键核心技术，重点发展高品质钢、新型轻合金材料、特种金属功能材料等高端及市场短缺产品，拉长钢铁、有色金属产业链条，提高产业丰厚度，为下游行业应用提供优质配套材料。

（1）钢铁行业

加大研发投入力度，建设高品质钢铁材料产业创新链。目前，钢铁产业技术供给能力不能完全满足行业发展需求，部分核心工艺技术存在明显短板，尚未摆脱关键、核心技术追随者的角色。“十四五”时期，钢铁企业尤其是骨干钢铁企业还需继续增强创新意识，依托鞍钢、本钢等重点企业联合东北大学等高校、科研院所开展关键核心技术攻关和创新产品研发应用，对标国际领先水平，提升高端产品的质量稳定性、一致性，重点发展海洋工程和船舶用钢、装备用钢、建筑用钢、汽车钢、电工钢、军工钢等六大类高品质钢铁新材料，推进特殊钢产业向规模化、绿色化、终端化、高技术含量、高附加值方向发展，加快实现进口高端特殊钢国产化替代。

加快智能化转型，发展智能钢铁。推动钢铁工业智能化转型，发展智能钢铁，既是钢铁工业适应新科技革命和产业变革的需要，也是钢铁工业提高劳动生产率、降低成本，实现高质量发展的需要。当前，钢铁工业离全产业链、全流程的数字化、智能化发展目标模式还有很大的差距。改变这种状况，需要充分把握新一代信息技术带来的产业革命契机，将智能传感器、第五代移动通信、物联网、工业互联网、人工智能、数字孪生、大数据与云计算等智能化技术融入钢铁制造和运营决策过程中。尤其要补齐生产过程自动控制系统、钢铁定制化智能制造、智能化硬件等方面的短板，加快形成以信息技术为支撑的绿色低碳钢铁制造体系，以网络化为基础的产业链集成体系，以数字化为手段的钢铁产品全生命周期管控体系，通过数字化、智能化升级推动钢铁工业发展的质量变革、效率变革、动力变革。

加快绿色化转型，发展低碳钢铁。从可持续发展的视角看，“十四五”时期钢铁工业要增强与经济社会发展特别是与环境发展的协调性，亟须加快绿色化转型，《辽宁省制造业高质量发展“十四五”规划》提出，2023年沈阳经济区内重点钢铁企业率先完成超低排放改造，2025年全省重点钢铁企业完成超低排放改造。发展低碳钢铁，需要推进钢铁企业冶炼装备的升级改造，淘汰限制类设备。瞄准国际先进排放指标，加大环保投入力度，加大企业技术装备的改造升级，加快采用先进适用、成熟可靠的先进技术，加快研发先进低碳技术，优化企业生产工艺流程，实现全流程、全工序超低排放。尤其要加快研发并推广应用源头氮氧化物控制技术、低温SCR技术、低温烟气循环流化床一体化脱除技术等烧结烟气超低排放技术，赋能炼钢新技术，高效绿色电炉冶炼技术，二氧化碳捕集、利用和储存技术等先进低碳技术，加快提升钢铁企业低碳化转型升级的技术支撑能力。

（2）金属及合金材料行业

加强高端材料的集成创新，突破一批关键战略材料。强化战略导向，以满足新一代信息技术、轨道交通、海洋工程与船舶等高端领域需求为重点，依托东北大学、中国科学院金属所等科研院校和重点企业，重点突破精密铸造、特殊成形、增材制造等关键和共性技术，重点发展先进铝合金、钛合金、高温合金等有色金属材料及制品，碳纤维、芳纶纤维等纤维材料，稀土磁性材料、高纯金属、泡沫金属等功能材料，第三代半导体材料、电子陶瓷、高性能铜箔等电子新材料，高性能电解铜箔、新能源复合金属材料等能源材料，以及单晶合金、耐蚀合金等航空材料。

突破制品精深加工及工程化应用关键技术，延长先进有色金属材料产业链。推进铝合金挤压材、板带箔材等加工材及深加工产业发展，提高高端铝合金材料的供给能力；推进钛冶炼和加工产业发展，提高钛产业链主要原材料生产能力，扩大钛合金管材、棒线丝材和零部件产量，提高海绵钛、钛白粉、钛合金加工能力和水平，完善钛产业链建设。扩大铝和钛产品应用领域，进一步壮大现有产业规模。鼓励和支持具有产业优势的地区和优势企业，引进上下游企业，完善产业链，建设有色金属产业集群。

（3）菱镁行业

优化产品结构，扩大菱镁资源应用领域。菱镁制品可以应用于耐火材料领域、化工产品领域、建筑材料领域，但目前90%的菱镁产品用于耐火材料领域，且多数属于低端产品，绝大多数是服务于钢铁、水泥等产业，受下游行业波动影响较为明显。为此应围绕“菱镁矿采选—生产加工—产品开发”菱镁产业链发展需求，构建“生态智能采选—镁质原材料清洁生产—高端镁质产品开发—绿色园区建设”创新链。重点依托博仕科技、东北大学粉体、海镁集团、嘉顺化工等重点企业，联合东北大学、沈阳化工大学、大连理工大学等高校、科研院所组建协同攻关联盟，围绕共性技术和关键技术，加大攻关力度，用新技术改造提升传统工艺和装备，围绕高温工业和新兴产业发展需求，发展优质合成、改性原料和长寿命、无污染、节能型耐火材料。开发适用于高温工业先进工艺装备关键部位的结构功能一体化的长寿命新型耐火材料、微孔结构高效隔热材料，施工便利的高性能不定型耐火制品，防止重金属污染的无铬耐火材料等高端产品。鼓励优势企业发展镁质化工材料及镁质建筑材料生产，促进菱镁制品行业结构均衡发展。

提升产业准入门槛，强化节能减排。由于对镁质原料需求的猛增，镁矿的开发和初级原料的开发迅速增加，优质菱镁矿山资源急剧减少，菱镁矿石质量下滑，应逐步提高耐火原材料行业准入门槛，支持优势企业推进联合重组，大幅度减少菱镁制品从业企业数量，提高产业集中度。大力推广先进适用的节能减排新技术、新装备，提高综合能效。加强节能管理，加大技术改造，提高高温窑炉等高耗能设备能效水平，降低单位耐火材料产品的综合能耗，推进高温窑炉轻型化、节能化、高效化。发展不定型耐火制品和免烧制品。

7.6.2 石化领域

推进减油增化，支持大型炼化企业延长产业链，提升炼化一体化水平，引育产业链上“专精特新”中小微企业，重点培育完善烯烃、芳烃、精细化工等产业链，积极发展化工新材料、催化剂、医药中间体等产业，重点发展高性能合成树脂、特种工程塑料、特种合成橡胶、高端润滑油等高技术含量、高附加值精细化工产品。

持续加大落后产能淘汰步伐，加快传统炼油技术升级及新技术创新。推动全省炼化结构由燃料型向燃料/化工型转型升级，通过搬迁改造或淘汰化解炼油产能，对重点能耗企业实施绿色化、低碳化改造。加强传统炼油技术的研发与改进之外，加强用于国防、航天等尖端工业的合成润滑油基础油生产技术、高纯度氧化铝等催化新材料制备技术、原油直接生产化工品等“卡脖子”技术攻关。特别是原油直接生产化工品技术，未来油品需求增速放缓、化工品需求持续增多的态势仍将持续，该技术的规模效应、成本优势带来的经济效益和强有力的竞争力，将给传统炼油企业带来巨大冲击，并推动炼油业发生革命性改变。与此同时，持续促进新一代信息技术与炼油技术的融合，推动智能炼油厂的建设，助力炼油业转型升级、高质量发展。

加快关键核心技术攻关，提高产业链稳定性和竞争力。聚焦石化产业未来发展的焦点问题，加强催化新材料、分子炼油、分子化学工程及过程强化等前沿技术方向的基础研究，辨识并抢占未来发展制高点。围绕高端制造业重大战略需求，实现特种工程塑料、功能材料、高纯电子化学品等高端石化产品的国产化，集中力量进行重大项目攻关，推进功能高分子材料、有机电子材料、精细陶瓷、生物化学品等精细化工新品种、新技术的研发利用，增强产业链和供应链自主可控能力。

强化高端化工产品科技创新，建设石油化工产业创新链。辽宁石化产品大多数为成品油或大宗初级原料，这造成行业企业抵抗市场波动的能力较弱，持续盈利能力不强，丰富的原料资源没有得到充分利用，而且近年来，大宗石化产品产能面临过剩压力，预计2025年大宗石化产品平均自给率将突破90%，近70%的化工产品存在产能过剩风险。为此，应不断调整化工产品结构，保持乙烯、丙烯、PX、PTA等大宗基础化工原料规模优势，沿着烯烃、芳烃、精细化工产业链，布局建设优势产品创新链。烯烃产业链重点发展高分子量聚乙烯、聚丙烯专用料、EVA树脂、EVOH树脂等高端聚烯烃，补充完善环氧乙烷深加工产业链，发展下游塑料制品、日用化学品关联产业。到2025年，烯烃原料供给能力进一步提升，大部分合成树脂、表面活性剂产品实现在省内精深加工。芳烃产业链围绕PTA原料资源，继续延伸发展差别化聚酯纤维、聚酯类工程塑料、聚酯薄膜等产品。打造炼油—PX—PTA—聚酯深加工全产业链。到2025年，全面提升PTA产品在省内精深加工比重。精细化工产业链依托化工原料资源优势，充分发挥省内科研单位及先进企业研发优势，加快实施进口替代。大力发展催化剂、环氧乙烷深加工、煤焦油深加工、高性能润滑油脂等优势领域产品。重点发展工程塑料及高性能树脂、高性能合成纤维、特种橡胶、电子化学品、高性能膜材料、表面活性剂及日用化学品、含氟材料及精细化学品等市场需求潜力大的高端产品。到2025年，精细化工产业营业收入突破1 800亿元，化工精细化率达到50%以上，力争达到全国平均水平。

7.6.3 建材行业

加快基础材料升级换代，围绕高性能材料研发、重大关键共性技术突破及建筑材料绿色、高效、智能、低碳制造及应用，推进水泥、新型墙体材料等重点领域的结构调整与升级，加快绿色建材的开发与推广。

加强技术联合攻关，提高产业整体技术创新水平。加强水泥制造过程中的污染物控制、水泥制造全流程信息化等技术攻关，研发混凝土材料高性能化和绿色化、多功能化技术和混凝土结构防护、基体防腐和钢筋阻锈关键技术。集中攻关水泥窑替代燃料技术、全流程智能化生产线技术、特种工程用水泥先进生产技术等关键共性技术。开发应用新型建筑材料和保温、隔热、防火、长寿命外墙保温材料，研发环保型木质复合、金属复合、优质化学建材及新型建筑陶瓷等材料。研发装配式建筑标准化部品部件的生产装备，初步建立以装配式钢结构为主，木结构和混凝土结构配套的工业化技术体系，解决精细化、信息化、规模化技术瓶颈，提升装配率，开展大跨度、大空间、超高层技术攻关，形成集成开发应用模式。开展复杂环境条件下的混凝土桥梁的长期性能与耐久性、复杂服役环境下交通工程钢结构涂层的防腐体系技术、超高性能混凝土材料技术与工程化应用高烈度地震区大跨度桥梁抗震设防标准与技术研究。

优化提升建材产业链，大力开发新型高端产品。围绕水泥产业链，加快突破骨料、商混、水泥制品、装配式建筑部品部件等补短板领域，鼓励发展硫（铁）铝酸盐水泥、海洋工程等腐蚀环境用特种水泥、极地工程等低温环境用特种水泥，发展满足海洋、港口、核电站、隧道、高速公路等特殊工程、特种环境和新领域的高端特种水泥。推广应用新技术新工艺，发展新型陶瓷和功能陶瓷，大力推进陶瓷砖产品薄型化，推广耐磨、耐污、防滑、保温等多功能型新品种应用。围绕电子信息、航空航天、新能源、规模化饲养场、农业大棚等领域需求，研发推广玻璃纤维增强热塑性、热固性复合材料产品，基建工程用玻璃纤维复合格栅。石材行业重点发展中高档建筑装饰板材、复合板材等精深加工产品，以及异形产品、石雕石刻工艺品、拼花产品、文化艺术品等高附加值的创意设计新产品。

加快推进碳达峰、碳中和，推动产业绿色转型。整合退出水泥行业低效产能，推进窑炉水泥粉磨、熟料生产等节能改造，加强建筑材料生产过程的节能减排以及建筑材料回收循环再利用技术研发。加速开展节能、减排、脱碳、零碳技术绿色创新与推广，大力发展发电玻璃+储能、绿氢、碳捕集利用与封存等绿色材料和低碳产业，推进建材行业率先实现碳达峰碳中和。

7.7 做大“新字号”，增强区域产业内生动力

7.7.1 坚持发展数字经济，引领产业转型升级

建好“新设施”夯整。抓住2021年9月国务院常务会议审议通过的“十四五”新型基础设施建设规划，加快完善辽宁5G网络，区块链基础平台，工业互联网，人工智能等领域和云端数据中心等新型数字基础设施建设，特别是在数据中心上，全国大型、超大型数据中心有312家，辽宁仅有2家，要尽快补齐“新设施”这个短板。稳步推进交通、能源、水利和市政等传统基础设施的“数字+”“智能+”升级，引导、支持企业加快数字化转型，加大技术改造力度。推进城际以及交通基础设施建设，助力沈阳现代都市圈建

设。积极争取和加强支撑科学研究、技术开发、产品研制的具有公益属性的创新基础设施建设。着力推进公共服务和基础设施等公共领域补短板项目建设，特别是医疗卫生、公共防疫设施和应急物资保障方面的项目建设。

拓展“新应用”赋能。辽宁制造业数字化程度不高，数字化研发设计工具的普及率仅有66.2%，低于全国4.6个百分点，生产设备数字化率43%，低于全国5.5%个百分点。辽宁应依托产业数字化的应用场景优势和数字产业化的数据资源优势，做好优势产业场景开放和全省数据归集，运用人工智能等新一代信息技术为“老字号”“原字号”等优势产业赋能升级，培育壮大发展新动能。辽宁应加快推进数字经济与实体经济的融合协同发展，推动传统产业基础设施的数字化改造，全面深化数字技术在农业、工业和服务业及社会各领域的应用，拓展新模式、新业态，为5G、大数据、工业互联网、区块链、人工智能等技术应用推广提供丰富的应用场景，推动传统产业和企业转型升级。深入实施《辽宁省工业互联网创新发展三年行动计划（2021—2023年）》，强化顶层设计、体系建设和应用赋能，以高起点规划精准聚焦工业互联网发展重点，以高质量发展项目助力工业互联网加快壮大，以高标准场景应用激发工业互联网广阔市场，推动工业化和信息化在更广范围、更深程度、更高水平上实现融合发展。培育发展工业互联网，支持东网科技、沈阳自动化所建设省级工业互联网平台。推广应用软件开发云、智能制造云、中小企业云，推动企业上云用云。

抓好“新产业”增智。加快发展以大数据、人工智能为代表的新一代信息技术，推动5G、大数据、云计算建设。充分利用工业互联网、物联网、人工智能、区块链等技术创新与产业化，着力发展集成电路制造业，加快软件和信息技术服务业发展，加强电子商务等应用平台建设，加快培育数字经济新产业、新业态和新模式。积极支持在线教育、互联网医疗、线上办公、数字化治理等新业态模式，培育龙头企业、独角兽企业以及大批有活力的中小企业，将场景化优势充分转化为产业发展新动能。

7.7.2 大力发展高技术制造业，打造智能制造产业示范基地

大力发展高端装备制造业。促进轨道交通设备，新能源汽车，民用航空装备，船舶及海洋工程装备等高端制造业科技创新取得新突破。聚焦高端装备和制造过程的产品设计、柔性制造、高速制造、自动化和网络制造等环节，通过集成创新，围绕3D打印设备、在线检测、智能物流等，重点发展一批基础制造装备、流程制造装备和离散型制造装备，提高装备质量可靠性水平，加快智能化装备的产业化建设，大力提升智能制造成套装备的整体水平。

重点发展机器人产业。依托新松机器人，中国科学院沈阳自动化研究所等企业和科研院所，着力发展具有自主知识产权，核心竞争力、市场前景的工业机器人，加快突破机器人关键核心技术，重点支持工业机器人本体、控制器、减速器，伺服电机等关键零部件的研究和应用，打造完整的工业机器人制造产业链。

加快推进集成电路产业发展。依托大连市60余家半导体生产及配套企业，以及沈阳市东软、格微、芯源、拓荆科技、富创精密等企业，积极引进大项目投资，重点推进抚顺罕王MEMS、大连芯冠科技硅基氮化镓外延片等，建设一批集成电路特色产业园，打造成为全国重要的集成电路材料供给地和特色芯片制造基地。加快把现有企业做大做强做优，支持企业开展项目研发，技术改造和产业资源整合，大力推进“政产学研用”协同创新。

加强高技术制造业示范基地建设。围绕智能制造产业高端化发展方向，选择智能装备和关键零部件研发制造及智能制造体系集成和应用服务等较为集中的产业集聚地和产业园区，推动产业转型升级和信息化、工业化“两化”深度融合，形成和完善从数控机床，智能机器人到智能成套装备，从硬件、软件到信息技术集成服务的智能制造产业链，扶持基地内一批骨干企业

发展。依托各地产业发展基础和优势，打造高端企业集聚，产业链条健全，服务功能完善的智能制造产业集群，培育建设一批在全国范围内具有较大影响力的智能制造示范基地。

7.7.3 推动高端服务业发展，促进制造业和服务业深度融合

实施高聚能创新主体培育工程。通过加快推进实质性产学研联盟、创新联合体、新型研发机构和大企业平台化四种模式建设，着力打通应用基础研究与产业化之间的通道。深入实施创新驱动发展战略，围绕国家和全省重大战略需求，加强更有竞争力的创新平台建设，如智能制造创新中心，工程研究中心，重点实验室等；围绕产业竞争力提升的紧迫需求，着力突破产业转型升级的技术瓶颈，在先进装备制造、新材料，新一代信息技术、生物医药，精细化工等优势领域加大科技专项支持力度，突破关键核心技术，补齐创新链关键短板，打造具有国际竞争力的重要国家科学中心和面向东北亚的开放创新高地。

重点发展大健康产业。大健康产业是具有巨大市场潜力的新兴产业，包括医疗产品、保健用品、营养食品、医疗器械、保健器具、休闲健身、健康管理、健康咨询等多个与人类健康紧密相关的生产和服务领域。辽宁应加快发展生物医药及医疗装备，推进生物医药、现代中药等产业升级换代。建设智慧医疗创新平台，生物医药和医疗设备创新中心，眼产业研究院，重离子（质子）治癌中心等创新平台，发展生物制药技术，建设现代中药及中药衍生品产业基地。加快信息技术在大健康产业的应用和推广，利用云计算、物联网、移动互联网等技术，提供智能安防，对医疗机构和健康机构重要区域实施监控自动化。养老（服务）是未来最有前景的产业之一，应当用新技术去构建虚拟技术，提升养老服务的专业化、远程化水平、信息化水平，提高老年人的健康水平和生活质量。

完善科技成果本地转移转化机制。构建和完善成果供给、企业需求、中介转化服务、政策支撑有机衔接的科技成果转化机制，建立全要素、全产业链和全流程的科技成果转化服务体系。在省科技厅的引领下，继续高标准建设东北科技大市场，利用线上线下服务平台，开展形式多样、领域齐全的对接路演活动。积极引导和支持科技成果转化中试基地建设，畅通科技成果向生产转化的通道，加速推进科技成果的规模化、产业化和市场化。

加强科技金融平台建设。一是充分发挥政府在新兴产业投融资中的导向作用。探索设立省、市两级政府投资引导基金，鼓励创业投资基金，产业投资基金等加大对高技术产业的投资支持。加大对掌握核心技术、市场前景良好的产业项目，企业、高校和科研机构所承担的各类国家科技计划项目进行专项资金配套资助，力争“十四五”时期全省R&D投入超过全国平均水平。二是积极发挥金融机构对新兴产业融资的支持作用。鼓励金融机构创新金融产品和服务，着力为重大科技项目，科技园区和科技企业提供具有针对性的金融支持。完善新兴企业的信贷担保机制，创设中小微高技术企业政策性融资担保基金管理中心，为符合条件的企业提供融资担保。三是搭建多层次资本市场体系。积极推动企业到主板、中小板、创业板和境外资本市场上市融资，鼓励中小微企业通过全国中小企业股份转让系统等平台融资。做大做强产权交易市场，为更多的中小型高技术企业提供融资服务。大力发展风险投资，完善风险投资退出机制，迅速发展风险投资中介服务。

7.8　推动国际国内科技交流合作，完善区域创新网络

7.8.1　加强国际科技合作

深化与东北亚国家，特别是俄罗斯及周边国家在合作研发、联合攻关、共建平台、人才引进等方面的科技合作交流，支持辽宁与东北亚国家联合承担科技部政府间国际合作项目，支持联合承担省、市科技计划“揭榜挂帅”项目，解决“卡脖子”技术难题。实施“中韩青年科学家交流计划”项目，持续开展国际科技合作计划项目申报工作。推动新建一批省级共建“一带一路”联合实验室，加强国家级共建“一带一路”联合实验室建设。举办海外学子创业周，组织线上线下国际技术转移小型对接会和撮合会，促进国外技术引进和国内技术出口。

7.8.2　以东北科技创新一体化为重点，加强区域创新合作

积极推动国家实验室在东北区域加强合作，协同打造战略科技力量矩阵，加强东北区域科技创新平台建设，探索推进东北地区国家技术创新中心建设。积极推动三省一区科技部门共同制定出台东北地区科技创新共同体联合攻关计划，明确以“科创+产业”为引领，面向国家和东北区域重点产业链发展需求，发挥企业创新主体作用，围绕重大技术装备领域布局关键技术攻关。探索东北三省一区技术交易场所间合作机制，整合创新要素资源，打造三省一区科技成果转移转化战略联盟，实现三省一区科技资源充分共享。积极开展高校科技合作系列交流活动，持续实施“三个有组织”专项行动，加强教育交流合作，推动三省一区高校开门办教育、开放办教育，全面推进

省际校际学生联合培养、教师互聘、平台开放、协同创新、对外交流。主动对接京津冀协同发展、长江经济带和粤港澳大湾区发展战略，承接高端产业转移、创新要素辐射，加强重点领域合作。

7.9 深化科技创新体制改革，激发创新潜力

7.9.1 完善科技奖励制度

落实《辽宁省科技体制改革三年攻坚实施方案》，改革完善省科技奖励制度，规范科学技术奖设置，调整完善省科学技术奖奖励种类和数量，完善省科学技术奖提名与评审规则。开展减轻青年科研人员负担专项行动，持续深化拓展科研领域“放管服”改革，完善青年科研人员考评机制和服务保障，优化青年科研人员成长环境。鼓励更多青年科研人员牵头申报项目，支持有发展潜力的优秀青年科研人员围绕辽宁重大战略需求和基础科学前沿开展创新研究，支持青年科研人员勇闯科研“无人区”。

7.9.2 深化科研成果管理改革

制定辽宁地方科研人员职务科技成果赋权改革方案，全面推行驻辽高校及科研院所科技成果使用权、处置权和收益权改革，积极探索科研人员职务科技成果所有权或长期使用权改革，借鉴东北大学“收益共享激励机制”、沈阳化工大学“三定向”订单式成果转化模式等改革举措，面向全省推广。

7.9.3 完善科技自立自强治理体系

建立完善关键技术创新的集体攻关机制，充分发挥政府作为重大科技创

新组织者的作用，优化科技创新的整体布局和重大科技任务组织机制，发挥省级创新体系的整体效能。统筹科技创新资源配置，推动项目、基地、人才、资金、数据统筹规划和一体化配置。

7.10 优化创新生态，激发全社会创新活力

7.10.1 全面加强知识产权保护

一是加强知识产权教育宣传和投入，大力培养专业人才。利用社会资源开展知识产权教育，可以在“3·15”消费者权益日、“4·26”世界知识产权日、“12·4”法制宣传日等时间开展知识产权宣传活动，培育、增强人们的知识产权意识。鼓励多进行技术创新、不剽窃、不使用盗版产品、不实施造假行为，对创新企业进行财税、金融的支持，不断从政策上完善知识产权机制，让知识产权文化逐渐成为社会关注的焦点。促进知识产权的基础教育、在研究生院、大学推进知识产权教育、设立知识产权专职研究生、促进知识产权综合研究和跨学科研究。增加高校知识产权课程开设，多开展讲座，多开展知识产权户外活动或调查，组织学生走出校门到企业参观，将课堂案例教学方式转化到实践活动中去，开设实际案例的旁听，对学生产生更大的吸引力。加强对知识产权人才的培养。积极培育具有丰富经验知识产权的专门人才，增加律师、代理人的人数，给他们足够的空间和资源进行发展，充分发挥这些人才在知识产权战略中的积极作用，培养并造就出一支包含各类知识产权知识的专业人才和管理人才队伍，为国家提供知识产权保护服务。二是建立健全我国的知识产权保护机制，加大对中小知识产权的保护力度。研究制定保护体系建设方案，完善商标、专利侵权判断标准，充分发挥市场监

管综合执法队伍的优势，提高执法效果，深化行政执法与刑事司法衔接。建设知识产权保护中心，实现快速审查、快速确权、快速维护权益的协调联动，提高知识产权纠纷解决效率，提升保护效果，为市场主体提供更加高效、更加便捷、成本更低的维护权益渠道。完善海外信息平台，发布各国知识产权法律、政策、服务机构、诉讼维护权益等信息。三是加大侵权惩罚力度，完善专利侵权惩罚性赔偿制度。加快推动专利法和商标法的修改，提高知识产权侵权违法成本。对于那些恶意侵权、重复侵权者，可以适用惩罚性损害赔偿，在原告损失、被告利益所得和法定损害赔偿的基础上，向权利人支付两到三倍的赔偿数额，以此惩罚侵权者，违法成本的大幅提高必将对知识产权侵权行为产生极大震慑，同时充分运用互联网技术，通过源头追溯、实时监测、在线识别等手段强化知识产权保护，有利于优化营商环境、促进科技创新、深化国际合作。

7.10.2 弘扬科学家精神

党的二十大报告强调，要“培育创新文化，弘扬科学家精神，涵养优良学风，营造创新氛围”。科学家精神是重要的精神力量，要通过继承发扬科学家精神，激活科技事业发展的内在要素，为科技创新发展提供内在动力，推动实现高水平科技自立自强。要积极开展学习科学家精神宣传教育活动，广泛宣传科学家勇于探索、献身科学的先进事迹，引导科研人员树立恪守道德、严谨求实的学术品格，开展好“辽宁好人·最美科技工作者”选树和学习宣传活动。弘扬工匠精神，支持塑造“辽宁工匠”“辽宁好技工”等品牌。健全完善转变作风改进学风的治理措施，崇尚学术民主，坚守诚信底线，反对浮夸浮躁、投机取巧和科研领域“圈子”文化，坚持激励与约束并重，推动作风学风取得实质性改观，营造风清气正的科研环境。

7.10.3 加强对科研活动全流程诚信管理

落实《辽宁省科研诚信管理办法》。完善科研诚信管理工作机制和责任体系，推动科研诚信管理专业化常态化，健全科研诚信管理部门责任机制，探索建立科技伦理治理体系。建立健全以诚信为基础的科技计划监管机制，将科研诚信要求融入科技计划管理中，开展全过程科技监督管理，实现环环相扣、闭环运行。进一步压实省级科技计划（专项、基金等）任务承担单位科研作风学风和科研诚信主体责任。建立科学技术活动严重失信行为认定与记录管理制度，强化惩戒和公开曝光机制，对严重失信行为责任主体实行"一票否决"。

参考文献

[1] 学习贯彻习近平新时代中国特色社会主义经济思想做好“十四五”规划编制和发展改革工作系列丛书编写组. 深入实施创新驱动发展战略[M]. 北京：中国计划出版社，2020.

[2] 中共中央文献研究室. 习近平关于科技创新论述摘编［M］. 北京：中央文献出版社，2016.

[3] 中共中央文献研究室. 习近平关于社会主义经济建设论述摘编[M]. 北京：中央文献出版社，2017.

[4] 国家发展和改革委员会. 2019年中国大众创业万众创新发展报告[R]. 北京：人民出版社，2020.

[5] 巴曙松，朱元倩，乔若羽，等. 区块链新时代：赋能金融场景[M]. 北京：科学出版社，2019.

[6] 国家行政学院经济学教研部. 中国供给侧结构性改革［M］. 北京：人民出版社，2016.

[7] 国家信息中心. 大数据看改革开放新时代［M］. 北京：商务印书馆，2018.

[8] 马名杰. 全球创新格局变化趋势及其影响［N］. 经济日报，2016-11-03（15）.

［9］吕薇．以创新引领制造业高质量发展［N］．贵阳日报，2019-07-09（12）．

［10］穆荣平，陈凯华．2019国家创新发展报告［M］．北京：科学出版社，2020.

［11］潘教峰．中国创新战略与政策研究2019［M］．北京：科学出版社，2019.

［12］中国科学技术发展战略研究院．中国区域科技创新评价报告（2022）［M］．北京：科学技术文献出版社，2022.

［13］关成华，赵峥，刘杨．中国城市科技创新发展报告（2022）［M］，北京：科学技术文献出版社，2023.

［14］《中国科技创新政策体系研究》编写组．中国科技创新政策体系研究［M］．北京：科学出版社，2018.

［15］袁野，祖纯，尹西明．区域科技创新中心支撑高质量发展的理论逻辑和实现路径研究：以中国西部（重庆）科学城为例［J］，科学学与科学技术管理，2024（1）．

［16］夏锦文．加强科技创新和产业创新跨区域协同［J］．红旗文稿，2023（24）．

［17］陈套．加快推进区域科技创新中心建设［N］．学习时报，2023-11-22.

［18］刘黎霞．31省份区域创新能力排名：广东6连冠，“企业创新”优势指标最多［N］．南方财经，2022-12-10.

［19］秦铮，丁明磊．全球科技新博弈［J］．瞭望，2022（22）．

［20］陈致达．《从全球创新指数看我国创新发展变化》，赛迪智库报告．

［21］陈钰．我国区域创新格局的中长期回顾与展望［J］．全球科技经济瞭望，2021，36（7）．

［22］刘冬梅，赵成伟．东北地区建设区域科创中心构想［J］．开放导

报，2021（6）.

［23］巨文忠，张淑慧. 关于区域科技创新中心布局的若干思考［J］. 科技中国，2023（3）.

［24］毕娟. 京津冀科技协同创新影响因素研究［J］. 科技进步与对策，2016，33（8）：49-54.

［25］严炜炜，赵杨. 面向科研协同信息行为的风险管理体系构建［J］. 情报科学，2018，36（1）：19-23，37.

［26］郑胜华，池仁勇. 核心企业合作能力、创新网络与产业协同演化机理研究［J］. 科研管理，2017，38（6）：28-42.

［27］柳卸林，丁雪辰，高雨辰. 从创新生态系统看中国如何建成世界科技强国［J］. 科学学与科学技术管理，2018，39（3）：3-15.

［28］魏轩，陈伟. 社会网络位置和企业R&D绩效［J］. 科学学研究，2019，37（11）：2044-2053.

［29］许庆瑞，李杨，吴画斌. 企业创新能力提升的路径——基于海尔集团1984—2017年的纵向案例研究［J］. 科学学与科学技术管理，2018，39（10）：68-81.

［30］陈力田. 环境动态性、战略协调柔性和企业产品创新能力关系的实证研究［J］. 科学学与科学技术管理，2012，33（6），60-70.

［31］崔有祥，胡兴华，廖娟. 实施创新驱动发展战略测量评估体系研究［J］. 科研管理，2013，1：308-314，338.

［32］陈劲，阳银娟. 协同创新的理论基础与内涵［J］. 科学学研究，2012，30（2）：4.

［33］韩先锋，惠宁，宋文飞. 信息化能提高中国工业部门技术创新效率吗［J］. 中国工业经济，2014（12）：13.

［34］袁建国，后青松，程晨. 企业政治资源的诅咒效应：基于政治关联与企业技术创新的考察［J］. 管理世界，2015（1）：139-155.

［35］魏世杰．中国创新政策体系存在的问题和完善思路［J］．中国科技论坛，2017（2）：6.

［36］梁正．从科技政策到科技与创新政策——创新驱动发展战略下的政策范式转型与思考［J］．科学学研究，2017，35（2）：7.

［37］ AGHION P， HOWITT P ．A model of growth through creative destruction［J］.Econometrica，1992，60（2）：323-351.

［38］ FURMAN J L， PORTER M E， STERN S. The determinants of national innovative capacity［J］．Research Policy，2000，31（6）：899-933.

［39］ DOROTHY A L. Core capabilities and core rigidities： a paradox in managing new product development［J］．Strategic Management Journal，1992，13（1）：111-125.

［40］ LAWSON B， SAMSON D. Developing innovation capability in organisations： a dynamic capabilities approach［J］．International Journal of Innovation Management，2001，5（3）：377-400.

［41］ GOLDENBERG J， MAZURSKY D， SOLOMONS. The fundamental templates of quality ads［J］．Marketing Science，1999，18（3）：333-351.

后　记

为贯彻落实习近平总书记关于东北全面振兴的重要讲话精神，辽宁社会科学院课题组承担了辽宁省2023年决策咨询和新型智库专项研究课题“关于我省加快建设具有全国影响力区域科技创新中心的对策研究”。该课题由辽宁社会科学院原院长李万军担任课题组组长、辽宁社会科学院副院长张万强担任副组长，负责课题的整体框架设计和基本思路研究。

为圆满完成课题任务，课题组深入基层开展调查研究，先后赴省内外地区进行调研考察，认真学习借鉴发达地区的先进经验，积极主动与各类企业、政府主管部门、行业协会商会等交流意见，了解第一手情况，发现存在的问题，寻找解决问题的途径，并多次召开专家学者讨论会，广泛征求意见，最终形成调研报告。其中围绕课题主要内容形成的咨询建议（《咨询文摘》2024年第1期）得到两位副省级领导肯定性批示。

本书是在省委、省政府决策咨询委员会办公室重点课题基础上，进一步补充完善的研究成果，全书共计7章。参加编写的还有以下同志：辽宁社会科学院经济研究所所长、研究员宋帅官；辽宁社会科学院经济研究所研究员兰晓红；辽宁社会科学院产业经济研究所研究员姜岩；辽宁大学教授郭矜；辽宁社会科学院经济研究所研究员温晓丽。

由于我们研究水平有限，书中难免有不足之处，敬请批评指正。

作　者

2024年6月